U0628580

愿你
慢慢长大

甄知 编著

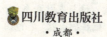

四川教育出版社
·成都·

图书在版编目（CIP）数据

愿你慢慢长大 / 甄知编著 . — 成都 : 四川教育出
版社 , 2022.9（2022.12 重印）
ISBN 978-7-5408-8371-3

Ⅰ . ①愿… Ⅱ . ①甄… Ⅲ . ①亲子关系—家庭教育
Ⅳ . ① G78

中国版本图书馆 CIP 数据核字（2022）第 166265 号

YUAN NI MANMAN ZHANGDA

愿你慢慢长大

甄知 编著

出 品 人 雷 华
责任编辑 杨 波
责任校对 刘 畅
封面设计 松 雪
出版发行 四川教育出版社
　　　　　地　　址 成都市锦江区三色路 266 号新华之星 A 座
　　　　　邮政编码 610023
　　　　　网　　址 www.chuanjiaoshe.com
印　　刷 金世嘉元（唐山）印务有限公司
版　　次 2022 年 10 月第 1 版
印　　次 2022 年 12 月第 2 次印刷
开　　本 880mm×1230mm 1/32
印　　张 6
书　　号 ISBN 978-7-5408-8371-3
定　　价 36.00 元

如发现印装质量问题，影响阅读，请与本社联系。
总编室电话：（028）86365120 　编辑部电话：（028）86365129

也许你惊叹于

一朵鲜花的娇艳，

你可曾想过，

它也是由一粒不起眼的种子

慢慢生长而来的。

扫码体验
育儿专家私房课

静待孩子慢慢长大

也许你惊叹于一朵鲜花的娇艳，你可曾想过，它也是由一粒不起眼的种子慢慢生长而来的。

也许你感慨于一棵大树的苍劲，你可曾想过，它也是由一棵娇弱的小树苗慢慢长成的。

当你看到那些被千人夸赞，万人瞩目的别人家的孩子站在人生的聚光灯下熠熠生辉时，你是否会感到焦虑？你是否曾恨铁不成钢？是呀！谁不希望自己的孩子能够惊艳四方？谁不希望自己的孩子能够闪闪发光？

可中国有句古话说得好："欲速则不达。"这句话对孩子的成长而言简直再贴切不过了。在孩子的成长过程中，家长如果不遵循客观规律，总是以别人家的孩子作为参照物，揠苗助长，不仅对于孩子的成长与发展毫无益处，而且会对孩子身体、心理等方面造成多重伤害，甚至对孩子的未来会产生很多负面影响，直至影响孩子的一生。

　　本书从孩子的成长规律出发，告诉你爱的真正方式——静待孩子慢慢长大。相信读完本书，你一定会深受启发，一定会收起自己的焦虑，平心静气、面带微笑地对孩子说："孩子，别急，愿你慢慢长大。"

扫码体验
育儿专家私房课

目录

CONTENTS

目录

CONTENTS

CONTENTS

第一章

慢慢来，
给孩子成长的空间

短跑的速度
不适合漫长的人生

　　人生之路是漫长的，作为家长，我们都希望孩子在人生之旅中能够满载幸福，活得更加精彩。可是，有些家长却误以为走好人生之路的关键在于"跑起来"，甚至还要"抢跑"，所以总是希望孩子能够赢在"起跑线"上。中国有句古话："欲速则不达。"让孩子以短跑的速度，以冲刺的姿态去应对人生这场长跑，很可能会让孩子后劲不足，体力不支。

· 催促也是一种伤害

　　很多家长一心想让自己的孩子最先冲过终点线，最早获取人生

的成功。他们总是快马加鞭地催促孩子成长，不能很好地把握分寸。这样一味地追求速度，不仅会让孩子在家长焦虑的心态下变得疲惫不堪，甚至会对孩子造成难以弥补的伤害，影响他的未来。

　　倩倩原本是一个非常活泼、开朗、懂事的孩子。在倩倩五岁时，她的妈妈看到自己身边一些同事、朋友家的孩子很多都在学钢琴。这些孩子虽然年龄不大，但是有的孩子早早就参加了钢琴考级，而且经常登台演奏或是参加各种比赛。经常在朋友圈中"刷"到这些视频的倩倩妈妈看着自己不会弹琴的女儿，心急得像热锅上的蚂蚁，一刻都无法安静下来。

　　"不行，得赶紧让倩倩学钢琴，她已经五岁了，再不学来不及了。"倩倩妈妈对倩倩爸爸说。倩倩爸爸却愁眉不展地说："咱俩的工资有限，已经给倩倩报了美术班和舞蹈班，再支付请钢琴老师的费用，压力太大了。况且倩倩这么小，学得太多，孩子也太累了！"但倩倩妈妈态度却非常坚决，一定要让倩倩学钢琴。很快，钢琴买了回来，也报了钢琴课，倩倩妈妈天天陪着倩倩练琴，每周去老师那儿上课。

　　妈妈希望倩倩能很快成为钢琴神童，热切的期盼使妈妈变得焦躁起来。每天练琴时，倩倩耳边都不时会传来妈妈急躁的训斥和怒骂声，学琴成了倩倩无法摆脱的痛苦。

　　然而倩倩从小就非常懂事，她理解家长是"为自己好"，她也知道"必须忍受"的道理。倩倩就在这样的心理状态与家庭氛围中渐渐长大了。当倩倩上小学二年级时，周围的人都注意到她变了，她变得孤僻寡言，胆小怕事，不愿学习，害怕困难，回到家里也很少和家长说话，与家长的关系变得越来越疏远。

后来，倩倩的情况越来越严重，不仅再也不碰钢琴，甚至连听到钢琴的声音都会精神紧张，连基本的学习和生活都受到了影响。

· 情景再现 ·

妈妈：倩倩，赶快练琴！抓紧！

倩倩：妈妈，我可以休息一会儿再练吗？

妈妈：你怎么这么不懂事！晶晶已经能登台演奏了！你还不知道
着急！知道为了让你学琴爸爸妈妈付出了多少吗？

倩倩：好的……

妈妈这样的催促并非是一种有效的督促，而是在给孩
子施加压力。

倩倩的变化，让倩倩妈妈非常后悔。她终于反省到，正是由于自己急于求成，才破坏了孩子的兴趣，给孩子带来了巨大的心理负担，最终影响了孩子的成长。

试问，作为家长的你是否也像倩倩妈妈一样，看到别人家的孩子有特长，生怕自己的孩子落后，奋力地把钢琴抬回家，把画板搬回家，甚至在几乎倾尽所有之后，还要竭尽所能地督促孩子，给孩子以极大期望；甚至幻想自己的孩子是个天才，今天刚刚学习五线谱，明天就能登上舞台演奏美妙的钢琴曲了。如果是，请从自己开

始慢下来，别再让自己焦灼的心影响孩子的成长。

· 让孩子好好看看这个世界

生活不是赶路，是感受路。

这一句话，被一个 3 岁多的小男孩诠释得淋漓尽致。

他每天出门都不算太晚，但是却经常最后一个到达幼儿园。

因为他要数数地上被踩扁了的小蚯蚓；

瞅瞅从树上掉下来的枯叶；

踩踩雨后的小水坑；

和路边的流浪猫打招呼；

还要时不时地往回走走。

他每天都喜欢去仔细感受上学路上的一切，想必在他的认知里，这个世界是丰富且有趣的。

而给予他这些机会和时间的，一定是愿意让孩子慢慢来的好家长。

是他们的不着急，让这个世界上更多有趣的点滴被孩子看见、听见、遇见。

静下心想想，你有多久没有陪孩子这样静静地看看脚下的落叶，听听树梢上的鸟鸣，感受指尖的微风。

你是否总是催着孩子去上课，催着孩子去补习班，催着孩子吃饭，催着孩子睡觉……

有时候，是该停一停，让孩子好好看看这个世界。

儿童绘本《安的种子》告诉我们这样一个道理：每个孩子都是一颗花的种子，只不过每个人的花期不同。有的花一开始就会灿烂地绽放，有的花需要在漫长的等待后绽放。不要看着别的花怒放了，自己的那朵还没动静就着急，要相信花有自己的花期。家长理解孩子的慢，才能更好地陪伴孩子成长。

给爸爸妈妈的留言

亲爱的爸爸妈妈：

我真的不想在成长的路上奔跑，可以让我停下脚步欣赏沿途的风景吗？

别让孩子
成为"小大人"

如今，很多家长抱着让孩子跨越式发展的目的，让孩子过早地进入成人世界，像大人一样承受压力。其实，每个个体在不同阶段有不同的发展速度，家长需要根据孩子的身心特点进行引导。

家长对孩子的期望值过高，会让孩子感到"压力山大"。致使其小小年纪脑袋里装满成年人的思维。在这样的压力下，有些孩子就学会了察言观色，去迎合周围人的需要，甚至降低自我需求以讨好他人，成为"小大人"。如果做不好，做不到，他就会自责，觉得自己不够好，就容易产生挫败感、无价值感，从而产生自我怀疑。

这样的情绪会影响孩子的行为表现，孩子往往会变得死要面子，凡事硬撑，不甘示弱，活得非常辛苦。不仅如此，他在人际交往方面也常常容易陷入迷茫，产生种种问题。如果是女孩，则可能要求自己凡事都要亲力亲为，总为他人付出；若不付出，不做事，就觉得自己没有价值，长此以往内心就变得极为压抑。如果是男孩，则容易发展成为掌控欲强、缺乏灵活性的人，为人处世过于拘谨和严肃，人际关系一般。

以上种种都告诉我们，不要逼着孩子过快成长。如果孩子有上面的这些行为表现，家长要先自我反省是否过于强调让孩子懂事体贴，是否让孩子在心理上过早地承担了不属于自己的压力。

　　丹丹是个七岁的小姑娘，她的父母对她有很高的期望，总是希望她在各个方面都要优秀于身边的同龄人。初次见面的人都觉得她能说会道，无论见到什么人，她都能很大方地和人家打招呼，是个自来熟的孩子。另外，丹丹从小就比同龄孩子各方面能力显得突出和优秀，从不让父母操心。而且她的发型、穿衣搭配也显得比同龄的孩子成熟许多。

　　但是，丹丹并不快乐。独处时，她总是默默地发呆，有时候还会感到忧伤。当父母询问的时候，丹丹却又扬起一张天真的笑脸，迅速进入角色，还能跟他们闲聊。已经如此优秀的丹丹为什么还是不高兴呢？为什么丹丹不能像别的孩子一样扑入父母的怀抱尽情倾诉，对他们说出自己的烦恼呢？

妈妈：丹丹，你怎么看上去不开心？

丹丹：啊？妈妈，没有啊！我开心得很呢……

妈妈：你要是有心事可以告诉妈妈。

丹丹：没有，妈妈我陪您去逛街吧！

孩子有自己的成长轨道，超越年龄的成熟对孩子的成长而言并非益事。

一个正常发育的孩子一般在二至六岁时，就有了自我意识的第一次觉醒。所以，很多这个时期的孩子不像原来那样"唯家长之命是从"了。他们很想摆脱家长的控制，但是因为日常生活仍需仰仗家长，且他们害怕失去家长的爱护，所以他们仍然无法挣脱家长的控制。

不过凡事都有例外，虽然丹丹已经到了七岁，但是从她的身上很少看到应有的反叛期行为，因为她已经被父母强行打造成一个彬彬有礼、符合成人审美的淑女形象，成为一个以满足父母愿望为目的的孩子。但是，她觉得这样并不快乐，所以她才会偶尔发呆。而为了让父母满意，她只能长期压抑自己的真实想法，导致心理健康受到影响。

可以说，丹丹表现出来的优秀是以牺牲自己的天性为代价的，她真正需要做的并不是让他人满意，而是成为一个孩子应有的模样，可以穿上自己喜欢的裙子，像个孩子那样在大人面前"撒欢儿"，而不是受到来自父母强加于她的成人式教育。

孩子就是孩子。揠苗助长，或像给庄稼施肥一样把孩子催熟为一个"小大人"，让孩子过早地走进成人的世界，只能让孩子陷入痛苦，沦为社会教育失败的牺牲品。

早熟对孩子的健康成长极为不利，会使孩子失去天真烂漫的性格，会缩短孩子幼年的快乐时期，会对他们的性格形成产生消极影响。大多数早熟的孩子在成年后性格会比较偏执。此外，即使是孩子自己喜欢表现得成熟，家长也要负起责任来，尽力将孩子拉回他应在的轨道。因为这样的孩子虽然言行上是早熟的"小大人"，但实际上心智并不成熟。外在的成熟只是他刻意模仿得来的，而长期模仿成人，就会使其内心真实的自我得不到健康发展，在成年后反而很难独立思考和独立生活。那么，如何从理念走向实践呢？

· 让孩子回归童真，多和同龄人一起玩

我们常说，家长要做孩子的朋友，但千万不要误解。虽然大人可以与孩子平等交流，但成年人并不适合当儿童的玩伴。要避免让孩子长期被爸爸妈妈、爷爷奶奶包围，否则时间久了，孩子自然就成了"小大人"。家长要让孩子走出去，和其他小朋友一起玩。孩子与孩子在一起才有共同语言，那些"成人化"的东西自然就会消失。

· 不要鼓励孩子过早成熟

鼓励式教育的确有很好的作用，但是鼓励式教育要用在正确的事情上，否则就不会有好的效果。当孩子偶尔模仿大人的行为时，不要鼓励。比如，小女孩涂妈妈的口红，穿妈妈的高跟鞋，家长都要适当地制止。

· 让孩子少接触成人的文化和娱乐项目

许多家长喜欢抱着孩子看自己喜欢的成人电视节目，甚至还有一些家长会带着孩子打麻将，这些都是不可取的，因为小孩子会通过一些节目过早懂得一些人情世故，不利于其健康成长。家长要担负起教育孩子的责任，尽量陪孩子一起阅读、观看有益儿童成长的书籍、节目。

· 学校和家庭应当有效配合

一旦孩子出现"小大人"的倾向，老师与家长要协同合作，对

孩子及时进行正确的引导。可从孩子的兴趣、爱好等非智力因素作为出发点，引导孩子向符合自身年龄的方向发展，帮助孩子树立正确的价值观和行为观。只有这样，才能让孩子充分享受童年的美好，健康成长。

给爸爸妈妈的留言

亲爱的爸爸妈妈：

　　我听到有一首歌的歌词是"我不想，我不想，不想长大……"，这可真是唱出了我的心声。可以让我慢慢长大吗？

望子成龙背后
隐藏着伤害

如今，很多家长在孩子的成长之路上过于紧张、急迫，见缝插针地把孩子的时间安排得满满当当，殊不知，这样的行为对孩子的成长极为不利。

· 不要把自己过高的期望强加在孩子身上

很多家长都会把过高的期望强加在孩子身上。有些家长因为知道现在的社会竞争很激烈，总希望通过一些方法来增加孩子将来胜出的概率；也有些家长自己在某方面留有遗憾，因而将弥补遗憾的希望寄托在孩子身上；还有些家长片面地认为，孩子成绩好将来就能成功，因而天天盯着孩子的学习成绩。无论哪种原因，家长不顾孩子的能力特质，为孩子不停地安排任务，让孩子整天神经紧绷、疲惫不堪，都是不会有理想的结果的。

家长强加给孩子过高的期望，会严重影响孩子身心的健康成长。上海市教育科学研究院普通教育研究所对 800 名上海市区幼儿园家长进行的一项调查显示：超过 95% 的被调查者希望自己的孩子受教育的程度要达到或超过大学本科；对子女就业期望率最高的职业依次是医生、工程师、大学教师、科技人员、演员、运动员、作家、翻译，而目前上述几类从业者在全社会就业人员中所占的比例其实很低。

很多家长都希望孩子有个美好的未来，常把自己的期望强加在孩子身上，对孩子进行超前教育，其结果却并不乐观。

· 孩子的成长要一步一个脚印

培养孩子，应从孩子的实际情况出发，结合他的爱好与特长，尊重孩子身心成长的规律，引导孩子一步一个脚印地稳步发展。

1. 对孩子的期望要实际

家长对孩子的期望要符合实际，要为孩子着想，不要强硬地逼迫孩子，无休止地对孩子提出要求。揠苗助长只会事与愿违。

有一个孩子问妈妈："人家挣 8000 元，你怎么才挣 4000 元呢？人家住三居室，我们怎么住一居室呢？人家有高级职称，你怎么还是助理呢？"

这位妈妈虽然很有涵养，但最终还是因受不了孩子这样的提问而大发雷霆。她认为孩子不能不顾实际情况而一味地要求妈妈挣大钱，住好房，有高级职称。后来，这位妈妈试着换位思考，站在孩子的角度去思考，由此悟出了一个道理：对孩子的要求也要合情合理，符合实际。

孩子：妈妈，妙妙说她妈妈每月的工资是 8000 元，您的工资为
什么才 4000 元呢？

妈妈：每个人的工作和收入都是不同的。

孩子：那您为什么要求我和妙妙的成绩一样好？

妈妈：这个……

比较甚至是攀比不仅对大人是一种伤害，对孩子更是
一种伤害。

　　家长应该根据孩子的兴趣、能力、素质等各方面的实际情况，
提出孩子经过努力可以达到的期望。对竞争意识不是很强的孩子需
要这样，对好胜心很强的孩子更要如此。根据孩子的实际情况提出
期望，引导孩子定下合理的目标，才能避免孩子由于压力过大、焦
虑过度而影响身心健康。

2. 不要只看孩子的成绩

　　有一些家长只看孩子的学习成绩，认为孩子学习成绩好就万事
大吉，一心希望孩子将来考取名牌大学，因此只注重孩子的学习，
忽略了对孩子综合素质的培养。如此培养出来的孩子，即便学习成
绩很好，也不一定能在社会中有所作为，因为其他方面的不足会严
重影响孩子的发展。

　　郭菁菁是个初二的女生，学习成绩中等，但她在其他方面都表现

得比较突出，经常受到老师和同学的赞扬。一次，学校举行辩论赛，郭菁菁也参加了。她精彩的语言、犀利的论断、灵敏的反应受到了评委们的高度赞扬，因此获得了"个人口才奖"；运动会上，郭菁菁参加了多个项目，成绩都很不俗；在做家务方面，郭菁菁更是一把好手，很多家务活她都能做得有模有样。

郭菁菁综合素质好，得益于其家长的教育得法。在别的家长只看重孩子分数的情况下，郭菁菁的家长却有意识地对她的综合能力进行培养，如让她做家务以培养其生活自理能力；让她看电视上的演讲比赛并鼓励其参加各种竞技活动等。这样，虽然郭菁菁的成绩不是班里最好的，但却是一个被老师与同学们公认的各方面能力发展最全面的学生。

家长不要一提起学习，就和成绩、名次等联系起来，如果家长过分看重这些结果，会加重孩子在学习时的消极情绪，甚至导致其

对学习失去兴趣。把获得满分看作是学习的目的，学习就没有了乐趣。科学教育的观点是：学习成绩并不是决定一个学生优劣的唯一标准，每个学生都有自己的发展方向。家长应该及时树立这样的科学教育观念，重视培养孩子的综合能力。

　　总之，家长对孩子抱有的期望，应该建立在充分了解孩子各方面能力的基础上，让孩子经过努力可以达到。这样才会使孩子主动挖掘自己的潜力，最终达到家长的期望。

给爸爸妈妈的留言

亲爱的爸爸妈妈：

　　我希望无论我的学习成绩如何，我在你们的眼中都是最优秀的孩子。过高的期望可能会伤害我哦。

成长的画布
需要留白

　　著名教育家陶行知认为，孩子的成长和发展需要有一个宽松的、开放的、积极的环境，需要家长遵循孩子的天性来引导孩子的成长。可是有些家长却没有充分尊重孩子的个性特点和成长需求，在孩子成长的画布上画得满满当当，没有丝毫留白，强行预设，盲目管制。这样不仅达不到教育孩子的目的，还会适得其反，甚至引起悲剧。

· 给孩子腾出自由选择的空间

　　在孩子的成长过程中，家长要注意体察孩子的内心世界，尊重孩子的要求，如果一味按照自己的想法为孩子设定学习和生活的模式，孩子的依赖性就会越来越强。这样的孩子长大后很可能会是一个优柔寡断的人。

　　但是，相当一部分家长习惯于事事替孩子做决定，而很少征求孩子的意见；一旦孩子不遵从，就大加责备。很多家长在要求孩子做事时，往往喜欢使用命令句式，如"你要……""你该干……"，这种语气会让孩子觉得自己是在被强迫做事，因此会导致孩子在做事时缺乏主动性。这对孩子来说无疑是一种折磨，不仅孩子不会快乐，而且事情常常做不好。

　　其实，孩子都有自己的想法，家长在任何时候都要让孩子充分

表达自己的意愿，让孩子有机会选择自己想做的事。对于自己想做的事，孩子会表达出极大的兴趣，也更能将其做好。

蔡志忠是一位著名的漫画家，他的漫画风靡全球。同时，蔡志忠在教育子女方面很有他自己的想法。他有一个信念——让孩子快乐地成为他自己，让孩子决定自己想做的事情。他认为家长并不是孩子自己，家长是不该决定孩子的选择和前途的。孩子的路要让孩子自己走，孩子不是为家长而活的，不是提线木偶，应该有自己的人生。

一次，蔡志忠的夫人到法国出差，于是蔡志忠开始负责接送孩子上钢琴课。到了钢琴学校门前，女儿却坐在车上闷闷不乐，不想下去。蔡志忠问女儿："为什么不高兴？"女儿说，自己最想学的不是钢琴，而是笛子，可妈妈却觉得她该学钢琴，因为在妈妈看来，学钢琴比学笛子有用。蔡志忠听完女儿的话，二话没说，便把车掉头，一路开回家。

女儿对爸爸的做法有些担心，不禁问爸爸："妈妈刚交了 4000 元学费，如果不学钢琴，人家也不退钱，那怎么办？"蔡志忠说："那只好算了。"女儿又问："妈妈回来埋怨怎么办？"蔡志忠说："什么也没有你的快乐重要。"

· 情景再现 ·

妈妈：我给你报了钢琴课，要努力哦。

女儿：妈妈，我不喜欢弹钢琴，我喜欢吹笛子。

妈妈：吹笛子有什么好？女孩子还是学钢琴好，以后能派上用场！

女儿：可是我真的不喜欢！

尊重孩子的选择，才能助力孩子的成长，否则，家长的一厢情愿往往适得其反。

4000 元在当时来说不是一个小数目，但蔡志忠却认为，如果我们在日常生活中节省一点，钱就可以赚回来，而孩子的快乐是用钱买不到的，童年也是不会重来的。如果强迫孩子听从大人的意愿，学习一些她不喜欢的东西，那将会抹杀孩子的学习兴趣，使孩子变得失去自我。蔡志忠认为这才是教育最大的失败。

· 给孩子留出做自己的空间

有些家长总喜欢对孩子说：你要怎样怎样。他们总爱替孩子做决定，决定孩子一顿吃几碗饭，决定孩子看什么书，决定孩子什么时候做作业，决定孩子周末上什么培训班……而孩子却很少有机会说：我要怎样怎样。他们不让孩子有自己的想法，也不让孩子自己决定要做的事，这样导致孩子无法做自己，而只能做家长的傀儡。

蔡志忠为了让女儿能够做自己，并且更好地懂得做自己的重要性，在女儿生日的时候，他送给女儿这样一个小故事。

从前，有一棵很小的柿子树，它安静而快乐地生长着。人们都告诉它，只要它努力，就可以长得大，结的果实会像西瓜一样大，像香瓜一样香，像苹果一样营养丰富。于是，小柿子树很努力地吸取营养。结果，它的果实仍然只是小小的柿子。而且，最糟糕的是，现在的它不再以为自己是柿子树了，它到处夸耀，说自己是一棵苹果树。

让孩子做自己，这是多么深刻的教育理念！蔡志忠的女儿是幸运的，因为她有一位懂得教育的父亲。放眼周围，有多少孩子能真正地做自己？人家的孩子学钢琴，自己的孩子也得学钢琴；人家的孩子是个小画家，自己的孩子至少也得成个小书法家。这些盲目跟风的现象在现实生活中比比皆是。其实，这是不尊重孩子的表现，这样做只会让孩子失去自我。

给孩子的成长留有足够的空间、足够的自由，让孩子拥有充分的选择权，当他真正意识到自己做了选择之后必须承担的责任，并有勇气坚持自己的选择时，他才能真的长大！

　　现在的孩子在家长的精心呵护之下，几乎不需要自己去考虑吃什么、穿什么、什么时候吃、什么时候穿，上学、放学有人接送，写完作业有人收拾书包。家长恨不得为孩子提供二十四小时的全方位服务。

　　不仅如此，有的家长总是按自己的人生理想、价值观念和行为方式塑造孩子，而不考虑孩子的先天条件、兴趣爱好等，对孩子像捏泥人似的强行塑造。有的家长不懂孩子的心理，不能体会，更不能进入孩子的心理世界，武断地用自己的思维方式代替孩子的思维方式。

　　每当孩子对家长的安排产生排斥或反抗时，家长都会想方设法地说服孩子或强迫孩子按照自己的意愿做，认为自己的人生经验比孩子丰富，告诉孩子"不听老人言，吃亏在眼前"。

　　就这样，在所谓的爱的光环下，孩子犹如家长的提线木偶，其选择权被无情地剥夺了。同时，孩子也失去了独立思考和承担责任的机会。

孩子的确没有成年人的社会经验和社会阅历丰富，在很多事情上确实想法单纯幼稚，甚至会有偏差。但是这并不是剥夺孩子选择权的理由。选择和责任是一对孪生兄弟，人的责任感是在自主选择中形成的。如果孩子没有选择的权利，只能被安排，那他就很难生出责任感。因此，多给孩子一些自主选择的权利，让孩子对自己的事做主，对于培养孩子的责任心很有必要。同时，在选择的过程中，又能让孩子自身形成克服困难、战胜困难的顽强意志，以及遇事冷静的良好心理素质。

　　孩子终究不能永远生活在家长创造的温室之中，终究要经历风吹雨打。只有从小在成长的画布上自己选择题材，自己构图，自己思考，自己尝试，才能在自己的人生画卷上画出绚烂的图画，描绘出浓墨重彩的人生。

给爸爸妈妈的留言

亲爱的爸爸妈妈：

　　从小到大，你们总爱替我做决定，你们一定认为"我的孩子我做主"，可是爸爸妈妈，我好想"我的人生我做主"哇……

不要让爱成为
孩子的枷锁

很多家长认为，对孩子就应该倾注所有的爱。爱孩子当然没错，可究竟怎样去爱，却是大有讲究的。其实，很多孩子正是因为家长所谓的爱，渐渐地成了生活中的矮子。当家长用自己的爱去拥抱孩子时，当家长想替孩子解决一切问题时，是否意识到自己的爱已变成了束缚孩子的枷锁？

过度爱孩子，对孩子来说其实是一种伤害。这样会折断孩子生存的翅膀，让他无法亲自感知和体验生活中的酸甜苦辣、成功与失败。没了生存的翅膀，没了自由的空间，孩子只是木然地享受，也丧失了应有的创造力、想象力。他的世界也会变得苍白。明智的家长是不会这样对待孩子的。

小米今年终于考上了重点高中，家里人都非常开心。唯一让小米的妈妈担心的就是，小米考上的这所重点高中是封闭式管理，所有的学生都必须住校，而小米长这么大，衣食住行等一切事情均是由在家的全职妈妈打理好的，不仅第二天要用的卷子、书本、练习册等是妈妈帮助整理的，就连吃饭，也是妈妈剥好鸡蛋壳、挑好鱼刺……

开学的时间到了，妈妈担心的事真的发生了。虽然入校前妈妈已经对小米进行了紧急的生活培训，可刚开学第一天，小米的老师就打

来了电话，原来是小米在食堂吃鱼时被鱼刺卡到了喉咙，并被送进了医院。因为小米之前吃鱼都是妈妈精心把鱼刺挑好的，她自己并不会挑鱼刺，所以一不小心就被鱼刺卡住了。

鱼刺的事情刚解决，妈妈还没来得及松口气，小米又出了问题。天冷小米不知道及时加衣服，在教室冻了一个下午，最后发起了高烧……就是这样，小米升入高中后，由于生活上的不独立和不适应，让她手忙脚乱，根本无暇顾及学习，成绩一团糟不说，心情也一落千丈。

以上例子其实反映了现在很多家长身上存在的问题：为了让孩子专注于学习，包办了孩子学习之外的一切事情，对孩子的爱可谓"密不透风"。殊不知，这样做其实后患无穷。

· 过度的爱使孩子能力低下

家长都希望自己的孩子学习能力强，并且成绩优秀；也希望自己的孩子拥有自信，能顶天立地。但家长却对孩子呵护备至，这样做的结果只会与家长的初衷背道而驰，孩子会因为得不到应有的锻炼而能力低下。

· 情景再现 ·

孩子：妈妈，我要去奶奶家。

妈妈：等一下，妈妈送你去。

孩子：不用了，我都这么大了，自己坐地铁很方便的。

妈妈：那怎么能行，走丢了怎么办？妈妈开车送你。

爱，有时并不体现在无微不至的关心上，而是体现在对孩子独立能力的培养上。

· 过度的爱使孩子厌恶学习

家长对孩子过度关爱，会使孩子诸多方面的能力被限制发展或者被掩盖，这样的孩子在学习、生活中就会遇到很多问题。特别是在学习上会遇到诸多障碍，因为他的学习动力被家长过度的爱限制了。

· 过度的爱使孩子价值观混乱

如果一个孩子在被过度关爱甚至被溺爱的环境中长大，他就难以受到正确价值观的熏陶，容易以自我为中心。这样的孩子对很多问题的认知，比如原则性的问题、价值观的问题等全部处在混乱状态。

　　家长的爱很大程度上影响着孩子的健康成长。聪明的家长会把握好爱孩子的分寸，给孩子理智的爱。然而，有些家长在处理与孩子的关系上，往往缺乏应有的分寸感，往往无原则地、过分地宠爱孩子。这对孩子来说无疑是一种枷锁，束缚了孩子的思维，也束缚了孩子的成长。

给爸爸妈妈的留言

亲爱的爸爸妈妈：

　　我知道你们很爱我，但请不要让你们的爱"密不透风"，好吗？

家长小课堂

怎样顺应孩子的天性?

1. 尊重孩子的好奇心。在孩子眼中,周围的世界像万花筒一样色彩斑斓。家长要做的,就是保护并激发孩子的好奇心,让孩子对更多事物感兴趣。

2. 不要束缚孩子。要在坚持原则的基础上,给予孩子充分的自由,让孩子在自由的天空中翱翔。

3. 保护孩子的创造力。孩子天生就具有创造力,顺应孩子的天性,不强加干涉,便会使孩子的创造力得以提升。

怎样呵护孩子的童心?

不要过于苛刻。孩子在成长过程中难免会犯错误,这时候家长不要用成人世界的规则去要求孩子,不必让孩子的一举一动都符合成人的标准。

让孩子多与同龄人交朋友。长时间和大人相处,会使孩子过早地接触成人世界,不利于保护孩子的天性和童真。

不要对孩子过分施压。孩子的早熟离不开家长的高期望,望子成龙或望女成凤的心情可以理解,但是家长对孩子过分施压可能会伤害孩子幼小的心灵。

第二章

不急躁，不焦虑，成长是渐进的过程

每个孩子都有
独一无二的脚印

对于孩子而言，脚下的人生之路刚刚开始，未来的每一步，都需要用自己的双脚去走。可是，有些家长却总是盯着别人家的孩子如何走路，将自己的孩子与别人家的比较，将别人家的孩子作为参照，让自己的孩子亦步亦趋。要知道，每个孩子都有自己独一无二的脚印，盲目地比较甚至攀比不仅没有必要，还会让孩子失去信心，丢掉童真与个性。

10岁的小佳和8岁的小珊姐妹俩一起放学回到家。小珊很快就回到了自己的房间，可小佳却跑到妈妈那里说："看，我又得了100分。"妈妈看着成绩单，非常满意，夸奖了小佳一番，心想："小珊在什么地方？我想看看她的成绩单。她考得一定很差吧？"这时小珊正准备出去玩，妈妈就叫住了她，让她把成绩单拿来看看。果然，小珊的成绩很不理想，妈妈非常生气地大声说道："你知道为什么你的成绩不像你姐姐的一样好吗？就是因为你太不用功。不许出去玩！回房间学习去！"小珊非常沮丧地回到自己的房间。受了妈妈的一顿斥责，她感到自己又委屈又没面子。

在上面这个故事中，妈妈对两个女儿当面做评价，并直接进行比较，这样做不但对小珊不利，对小佳同样也是不利的。这种比较会使小佳产生更加强烈的愿望，要永远走在妹妹的前面，给自己设定越来越高的目标，甚至是不切实际的目标。假如小佳达不到这个目标，她同样也会认为自己是一名失败者。而小珊则会在这种比较中越发失去自信。所以，用这种比较的办法，对两个孩子的身心都是不利的。

很多家长都有这样的习惯，喜欢拿自己的孩子和别人家的孩子比较，不知不觉地会用别人家孩子的优点来与自己孩子的缺点相比，嫌自己的孩子不够优秀。"你看你的同学 ××× 多好，每次都考第一名""你瞧 ××× 多听话，从来不让爸爸妈妈操心"等话说得多了，孩子的内心就会受到伤害，使得孩子认识不到自己的优点，难以树立自信，而且容易对家长表扬过的同学产生嫉妒心理，久而久之，孩子的心灵就逐渐扭曲了。

家长必须明白一个事实：孩子天生就有差别。我们首先要承认这些差别，然后在孩子原有的基础上帮助孩子进步。我们可以拿孩子的今天与昨天比，拿孩子的成功与失败比，但是不能拿孩子的短处与别人的长处比。否则会使孩子把学习看作是为家长学而不是为自己学，从而把学习当成一件苦差事。同时，这样做容易导致孩子丧失自信，以致产生难以根除的自卑心理，这对孩子的成长是非常不利的。

妈妈：你和雯文同一天进的书法班，人家现在已经成小书法家了，再瞧瞧你写的字，真是让人发愁！

迪迪：妈妈，可是我舞蹈跳得比雯文好哇！老师上星期还让我给雯文做示范呢！

妈妈：我在说书法！提什么跳舞！

如果家长只看到孩子的缺点，而忽略孩子的优点，这对孩子的成长是非常不利的。

其实，每个孩子都有优点和缺点，某方面不行并不代表其他方面不行。家长如果经常拿自己孩子的弱项与别人家孩子的强项比较，就会使孩子失去竞争或迎头赶上的勇气。

那么，作为家长，当看到自己的孩子不如别人家的孩子优秀时，又该怎么做呢？如何才能不拿自己的孩子和别人的孩子作比较呢？

· 保持一颗平常心

家长应该从内心深处杜绝攀比，不要用别人家的孩子作为例子来给自己的孩子施加压力，要用一颗平常心来对待孩子暂时的不足，多给孩子一些鼓励。良好的教育意识与能力应该成为家长的自觉追求。

· 看到孩子的进步

家长应该关注孩子的进步。不要比较孩子和别人的差距，而要看孩子与从前相比取得了哪些进步。家长不能只用学习成绩来评判孩子，要看到孩子身上的其他优点。

· 承认不同的孩子有差异

每个孩子的性格和特点都是不同的，许多家长喜欢把自己的孩子和别人家的孩子进行比较，而且总拿自家孩子的短处跟别人家孩子的长处相比。这样做实际上是忽视了不同孩子的差异。家长应当接受并承认这些差异，帮助孩子学会取长补短。而且，当家长看到自己的孩子与别人家的孩子有差异时，先不要着急，因为存在这些差异未必就是坏事。孩子的差异性往往是其个性形成的开始，其实，这些差异更需要家长加以保护。此时，家长的正确做法应该是根据自己孩子的特点进行有针对性的教育。孩子有了进步就应多鼓励。只要孩子付出了努力，已经尽其所能，家长就不要对孩子提出过高要求，要让孩子在自己现有的能力范围内一步步地向前走，这样的教育才是可取的。

· 尊重孩子的天性

家长要尊重孩子的天性。只有这样，孩子才能快乐地成长，也更容易在以后的人生中取得成就。

· 培养孩子的个性

家长应该认识到每个人都是独立的个体，和其他人没有太多的可比性。学习别人的优点固然重要，但是，培养孩子的个性更重要。但有些家长往往忽视了这一点。

给爸爸妈妈的留言

亲爱的爸爸妈妈：

听说每一个小朋友的头上都有一片不一样的云彩，有红色的，有绿色的，还有粉色的，每个小朋友也都是不一样的。所以，请不要拿我和别人比较，好吗？

焦虑是
成长路上的绊脚石

孩子的成长过程中会经历很多挫折。孩子在身心尚未成熟的时候，面对学习任务，面对家长和老师的期望，很容易在学习和生活等方面产生一定的焦虑情绪。

于莉是个上初中的女孩。学习上，除了数学，她其他各科成绩都较为理想。初一第一次考试中她的数学考了 62 分，从此一到考试前她就很焦虑，总是吃不下饭，睡不好觉，生怕数学考不好。

其实，上小学时于莉的数学成绩一直名列前茅，而因为初一那次考试的失误，她就出现了考前焦虑的现象。对于于莉的这种情况，她的父母也不知道该怎么办。

事实上，焦虑是孩子较为常见的一种心理障碍，这种心理障碍总是和精神打击以及将来可能出现的威胁或者危险相联系，使孩子在主观上感到恐惧、烦躁、担心、紧张、不愉快甚至痛苦等。焦虑的孩子很多都不善于用语言来表达内心的情绪，对外界事物往往表现出强烈的抵触和逃避。

　　一般情况下，孩子的焦虑情绪是暂时的，并不会对他的身心造成太大的影响。但是当焦虑过度并已逐渐影响孩子的日常生活时，家长就要加以关注了。

　　过度焦虑往往会严重影响孩子的成长，并诱发抑郁、孤僻和自卑等心理疾病。因此，家长在发现孩子出现焦虑情绪时，一定要注意及时做好疏导，或带其就医，使他正确地认识和面对自己的困扰，帮助他早日走出焦虑的阴影。

· 改善家庭环境

　　家长要尽量给孩子提供一个宽松的成长环境，并有责任和义务提高对孩子的管理、教育能力，及时发现并解决孩子的问题。

　　雅舒之前一直在奶奶身边长大，过得很开心。最近因为上学的缘故被爸爸接到身边。爸爸工作忙，很少有时间陪她。刚入学时有很多问题她自己解决不了，因此她产生了焦虑情绪。爸爸发现了孩子的情况，主动减少了加班的时间，经常回家辅导雅舒做作业，陪她聊天，雅舒的焦虑情绪逐渐消失了，她现在已经完全适应了学校的生活。

· 情景再现 ·

雅舒：爸爸，我想回奶奶家，不想在这里上学。

爸爸：雅舒，你刚来这里还不适应，慢慢会好的。

雅舒：爸爸，很多事情我都不知道该怎么做。

爸爸：没关系，爸爸会陪着你一起做。

当孩子产生焦虑情绪时，家长一定要细心体察，高度重视，用爱与陪伴帮助孩子战胜焦虑。

家长要争取每天抽出时间与孩子交流，这样既可以加深与孩子之间的感情，又可以及时发现孩子的问题。同时，家庭成员要和睦相处，努力营造一个良好的生活环境和家庭氛围，这是让孩子远离焦虑、健康成长的重要保证。

· 恰当地疏导孩子的焦虑情绪

任何人都会遇到各种困难和挫折，面对自己一时难以解决的难题时，都会表现出焦虑的情绪，孩子更是如此。当家长发现孩子存在焦虑情绪后，要积极地引导孩子说出自己所焦虑的事情，然后表达对孩子的同情和理解，帮助孩子消除顾虑。

孩子焦虑时经常会处在紧张的情绪中，所以家长可以尝试带孩子进行一些轻松的活动，或者带孩子去气氛活跃的地方游玩，这有益于孩子慢慢地摆脱焦虑情绪，保持积极乐观的心态。

· 增强孩子的适应能力

在家长的过度保护和溺爱下成长起来的孩子，容易缺乏独立性，遇到困难时也更容易产生焦虑情绪。家长要让孩子适度受挫，锻炼孩子应对挫折的能力，这是帮助孩子远离焦虑情绪的重要方法。

家长的过度关心通常会使孩子失去锻炼生活自理能力的机会，使孩子不容易适应社会，当他独自置身于新环境或与陌生人接触时，便会产生不知如何应对的困惑以及焦虑的情绪。

产生焦虑情绪是孩子成长过程中的常见问题，焦虑情绪不利于他的健康成长。当孩子有了焦虑情绪时，家长要高度重视，并且运用科学的方法引导，帮助孩子缓解焦虑的情绪，走出焦虑的阴影。

家长要放平心态，不要因为孩子的焦虑而导致自己的心态受到影响。不要过分要求孩子，要让孩子感到轻松愉悦。要让孩子保证睡眠充足。充分休息之后，孩子的焦虑情绪会得到缓解。家长一定要重视引导孩子进行体育锻炼，尤其是做一些有氧运动，比如跑步、跳绳、打球等，这些运动可以分散孩子的注意力，缓解孩子紧张、焦虑的情绪。

给爸爸妈妈的留言

亲爱的爸爸妈妈：

虽然我是大人眼中的小孩，可是我并不总是无忧无虑，焦虑时常会困扰我。希望你们能够在我焦虑时帮助我，让我轻松和快乐起来。

让孩子
远离急躁，拥有耐心

很多家长在陪伴孩子成长的过程中发现，孩子时常会急躁，做事缺乏耐心。急躁是一种不良情绪，会使人心神不宁、惴惴不安，因为急躁是神经系统的一种兴奋和冲动，急躁的人无论学习还是工作，往往不经认真思考和周密安排就很快进入兴奋和冲动状态，导致结果很难达到预期目标。孩子一旦出现了急躁情绪，便会给他自己的生活带来一定程度的负面影响。因此，家长一定要学会缓解孩子的急躁情绪，培养孩子的耐心。

· 如何缓解孩子的急躁情绪

小仓是个急性子，复习功课的时候，总是急急忙忙地翻翻这本书又看看那本书，然后每次都焦急地说道："哎呀，什么时候才能看完呀。"有一次，在做数学作业的时候，小仓拿到题就做，中间也不验算，做到最后发现错了，就着急地用橡皮来擦，可是因为太用力，几下就把纸张擦破了，只好撕掉重新写，可是越急越乱，结果那次作业到晚上十点钟才写完，而且仍有错。小仓有时还会把自己给急哭，对于这种情况，家长除了劝慰也找不到什么好的办法帮助他。

案例中的小仓做事急躁，这给他的学习带来了负面的影响。从小仓的行为中我们不难看出，急躁的人容易灰心，在急于求成心态的支配下，一旦做事情遇到挫折，他往往不能冷静客观地分析原因，而是带着更加急躁的情绪，赌气般地以更大的蛮劲去解决困难，如果仍然不能奏效，他很快就会像泄了气的皮球。

当孩子出现这种急躁情绪时，家长应当及时采取有效的措施进行疏解。首先，要先把孩子的情绪稳定下来，不要让孩子在急躁情绪的支配下失去理智，可以先尝试转移孩子的注意力，等孩子心情平复下来，再让他继续完成作业。其次，要找到引发孩子急躁情绪的原因，引导孩子做事情一步一步地来。比如像上文中的小仓，家长就要引导其养成认真审题及耐心验算的好习惯。

此外，家长也要注意一个问题：孩子没有耐心，往往是因为他的家长自己做事也没有耐心。所以，要想让孩子有耐心，家长首先要有耐心地去完成每一件事情。

比如，晚上家长可以跟孩子一起学习。当孩子产生不耐烦的情绪时，家长要坚持看书，孩子见家长能够耐心地看书，也能受到熏陶和感染。另外，家长在要求孩子做一件事情之前，要先跟孩子约定好这件事必须耐心地做完。如果孩子完成了，家长可以适当给予奖励。要向孩子说明：如果没有完成，不仅需要补上没做完的部

分，而且还得再增加时间来处理相关的事情。这样能够培养孩子有计划地去做事，以及在一定的时间内耐心地把事情做完的习惯。

· 情景再现 ·

爸爸：如果你今天能够耐心地把作业做完，明天我们就去滑雪。

孩子：哇！去滑雪？太好了！

爸爸：别忘了前提是你要耐心地完成作业哟。

孩子：我会的，爸爸！

在培养孩子的耐心时，家长可以适当地引导和激励孩子。

· 怎样培养孩子的耐心

急躁，换句话来说，就是缺乏耐心。有句俗话说"心急吃不了热豆腐"，这正说明耐心是很重要的。

在心理学上，耐心属于意志品质的一个方面，即耐力。它与意志品质的其他方面，如主动性、自制力、心理承受力等有一定的关系。耐心被认为是衡量一个人心理素质、心理健康的标准之一，它对一个人能否成功地做成一件事情也有很大的影响。

因此，培养孩子的耐心不仅对他在学习上有帮助，而且对他今后的人生道路也有很大的影响。

家长一定要让孩子明白耐心对于走好人生道路的重要性。

童第周是我国著名的生物学家。在他小的时候，他爸爸为了让他明白耐心的重要性，特意给他题了"滴水穿石"的条幅，告诫他世界上没有穿不透的顽石，只有没有耐心的人。

父亲去世后，大哥安排童第周到宁波师范预科学校读书。只读了一个学期，童第周就提出要考当时全省著名的效实中学。哥哥对他说："效实中学是用英语讲课的，你的英语根本不行，肯定考不上的。"童第周却认为滴水能够穿石，只要自己耐心地坚持学习，肯定能够考上。为了准备考试，童第周坚持自学英语，每天除了吃饭外很少离开书房。终于，在自己的不懈努力下，童第周考上了效实中学。

在效实中学，童第周又用滴水穿石的精神使自己的成绩取得了长足的进步。

童第周的父亲正是注重从小培养孩子的耐心，才使童第周后来能够在学习之路上坚持不懈。孩子的耐心并不是与生俱来的，而是需要后天培养的。因此，家长只有注意对孩子的耐心进行训练，才能帮助孩子在成长过程中控制情绪，远离焦躁，拥有耐心。

孩子做事没有耐心，在心理学上被称为注意力易受干扰。有些孩子的注意力确实特别容易从一项活动转移到另一项活动上，他们在长大成人后往往还存在着不同程度的浮躁心理。因此，帮助孩子从小养成耐心、细致的好品质非常必要。

家长要提出正确的要求。许多孩子没有耐心，是因为家长往往只注重给孩子布置任务，而不注重检查孩子是否完成了该项任务。

如告诉孩子画完画后再去洗澡，那么在孩子洗澡之前别忘了让他认真检查画到底画完了没有。这本身就是在培养孩子养成做事有始有终的良好习惯。

给孩子设置点障碍。家长应该有意识地给孩子设置点障碍，为孩子提供一些克服困难的机会。因为耐心是磨炼出来的，越是在困境中，越能锻炼孩子的耐心和意志。要鼓励孩子做事善始善终，不能半途而废，要让他体会做好一件事要经过努力才能完成。孩子经过努力完成一件事时，家长应当及时给予表扬，鼓励孩子养成做事有始有终的良好习惯。

此外，要让孩子集中精力，持久地专注于一种活动。要让孩子知道，生活中许多事情都是需要耐心和等待的。比如孩子想要什么玩具，当时就闹着要买，遇到这种情况，家长可有意延缓一段时间，不要立刻满足孩子的要求，以培养孩子的耐心。

给爸爸妈妈的留言

亲爱的爸爸妈妈：

以前，我做事情总是急躁，越着急心里越乱，总是做不好。前几天，爸爸告诉我要有耐心，做事情要持之以恒，我觉得很有道理，我会尝试去改变的。

不要用批评的方式
帮助孩子成长

一些家长因为长期受到"棍棒出孝子""严师出高徒"等观念的影响，总是对孩子严加管教，严厉苛责，只要孩子哪里做得不对或是不好，便会板起脸来，不分场合、不分地点、不问缘由地对孩子进行批评。

现代教育观念认为，在孩子成长过程中如果家长总是用消极的态度批评孩子，会使孩子缺乏自信，有负罪感，形成叛逆心理，性格逐渐变得孤僻。由此可见，家长不宜用批评的方式来帮助孩子成长。

建强是个好动的孩子，前几天，他又在客厅里踢球。为这事，妈妈已经严厉地批评过他很多次了，可是建强依然我行我素，想踢就踢。这一天，爸爸下班回来，发现儿子在客厅里踢球，就说："儿子，你的球技又有长进了，真棒！"建强听了这话高兴得不得了，踢得更认真了。

爸爸放下包，见儿子还在认真地踢球，就说："你这样踢下去会把地板弄脏，爸爸妈妈会很难过的。我们白天要上班，晚上回来要做饭，做完饭还要拖地板，多辛苦哇！"建强听了爸爸这番话后，感觉到了爸爸妈妈的不容易，觉得自己的做法对不起他们。于是，他不好意思地收起了球，说："爸爸，我现在就把地板拖干净。"

这时爸爸站了起来，准备和儿子一起拖地，还高兴地说："儿子长大了，真懂事。"建强得到了爸爸的表扬很开心，他感到自己身上也承担着对家庭的责任。他说："爸爸，以后我不会再在客厅踢球了。"

家长在发现孩子有不正确的行为时，第一反应往往都是生气。可就像上文中建强的妈妈那样，如果直截了当地对孩子不正确的行为进行批评，孩子也许并不容易接受，也就不会很快改正。可相反，如果像建强的爸爸那样，说出对孩子的期望，换个角度对孩子进行表扬，会使孩子很受鼓舞，孩子自然会很听话地改正不正确的行为。

· 情景再现 ·

妈妈：不让你在客厅踢球，难道你听不见吗？从来没见过像你这么不听话的孩子！

孩子：我又没踢坏东西！

妈妈：怎么没踢坏？地板上一片狼藉！为什么就不能体谅体谅妈妈收拾地板的辛苦！

孩子：我又没让您收拾……

　　一味地批评并不能让孩子服气，耐心沟通才是纠正孩子错误行为的法宝。

家长在批评孩子时，要特别注意保护孩子的自尊心，孩子做错事，家长在批评和教育他时可参考以下几点。

· 变指责为期望

如果孩子不讲卫生，家长与其指责孩子脏，不如对孩子说："大家都喜欢和讲卫生的孩子玩。"让孩子明白你希望他讲卫生。这样既维护了孩子的自尊心，孩子也会自觉地朝大家心目中好孩子的方向努力。如果你指责孩子，孩子会认为自己是个坏孩子，是不讨人喜欢的，这样他的自尊心会受到伤害，他很可能会采取对抗的态度来应对你的指责，结果会使孩子的问题越来越糟糕。

· 不急于纠正孩子的"出格"行为

当孩子做出一些"出格"行为时，家长首先应该去欣赏孩子的"出格"，而不是立即纠正孩子。比如你让孩子画太阳，孩子却画了一个蓝的太阳。这时候你应该表现出惊讶的表情，说："哦，太棒了！真是与众不同。"接着，你再问孩子："为什么要把太阳画成蓝色的呢？"这时候，孩子可能会骄傲地告诉你："我知道太阳应该是

黄色的，但是我喜欢蓝蓝的大海和蓝蓝的天空，所以我希望太阳也是蓝色的，所以我就画了蓝色的太阳。"听了这些话，你还会纠正孩子的"出格"行为吗？不会的，你会为孩子的观察力和想象力感到骄傲。

相反，如果你看到孩子的"出格"行为时不由分说就打击孩子："这是什么？你搞什么呀？哪有蓝色的太阳？"这样你就伤害了孩子，孩子会觉得很委屈。所以，家长不能急着纠正孩子的"出格"行为，而要用欣赏的眼光看待孩子的"出格"行为。

· 孩子做错事时，不用批评的语气也能直接指出错误

孩子总是会做错事的，这时家长直接说出孩子错在哪里就可以了，没有必要添油加醋，甚至翻旧账，对孩子进行喋喋不休的说教，更没有必要带着情绪处理孩子的错误。家长的语气要保持平和，这样才是对事不对人的处理方式，让孩子明白你是针对他的错

误，而不是针对他本人。

家长在语言上要尽可能地用正面的、积极的语言发自内心地赞美孩子，客观公正地指出孩子的错误。尽量少给孩子指责和批评，多给孩子一些表扬，孩子在家长的肯定与赞美中才能快乐地成长。

· 批评孩子时，家长要注意转换身份

不要一味地以家长的身份去与孩子沟通，居高临下，批评指责，这样的沟通方式效果非常不好，会让孩子觉得你们之间并非平等的沟通，而是家长对孩子的命令，这会让孩子产生抵触心理。作为家长，最好以朋友的身份与孩子沟通，结合孩子的优点和错误，辩证地分析和评价，这样既可以增强孩子的自信，也可以激发孩子主动改正错误的积极性。同时，家长还要注意在批评孩子之后也要进行一些自我反省，这样孩子会更愿意接受家长的批评和建议。

在孩子成长的过程中，家长要以鼓励为主，批评为辅，这样才能使孩子的身心健康地成长。

给爸爸妈妈的留言

亲爱的爸爸妈妈：

我很顽皮，经常闯祸，你们对我的批评我觉得很有道理，是在帮助我成长。可是我更想听到你们的肯定和表扬，我会争取做得更好！

用有效沟通
代替唠叨

　　一些家长常常喜欢对孩子唠叨，通过重复事实来对孩子进行说教。在孩子眼中，家长就像是话痨，但是家长却不自知。这样的沟通方式，是用无效的唠叨代替有效的沟通，不仅对孩子的成长没有丝毫益处，反而会影响孩子的成长。

　　四年级时，因夏林一次期中考试成绩"不理想"，爸爸从晚上 6 点多一直和他谈到了次日凌晨 1 点。在一次问卷调查中，在"父母最大的毛病"一栏里，夏林毫不犹豫地在"唠叨"上打钩。有次开完家长会，夏林的爸爸走出教室时脸色不太好，夏林就感觉不太妙。下午放学回家，"火山"就爆发了！那时才晚上 6 点。爸爸把夏林叫到他

的房间，一个劲儿地说夏林没有考好，说家长会上老师告诉他夏林成绩退步了，他的脸都丢尽了。爸爸问夏林怎么那么不争气，这段时间干什么去了，为什么成绩会退步……2个小时过去了，爸爸翻来覆去地说。夏林终于听不下去了，开始反驳道："你天天就知道忙，还对我要求这么严，不就是没考好嘛，不就是两门课没有达到 A+ 嘛，你为什么这么能唠叨？我下次努力就是了。"

爸爸见自己口水都说干了，儿子竟然没听进去，又劈头盖脸地说了起来。说来说去还是那些大道理，什么"我都是为你好，我不工作谁赚钱，我对你不严点儿怎么行呢"之类的话。夏林一直沉默不语，就那么坐着，埋着头听。当爸爸发令说"去睡觉"时，夏林走出房间，一看表，已经凌晨 1 点多了。

生活中，很多家长像夏林的家长一样，虽然目的是为了孩子好，但是却没有找到与孩子沟通的正确方式，而是试图采取唠叨的方式解决问题。殊不知，在家长唠叨的时候，孩子对家长唠叨的反感犹如孙悟空对唐僧念紧箍咒的厌恶。

家长应当如何与孩子进行有效沟通呢？

· 抓大放小

孩子的成长离不开大人的关心，但是有些事情是无关紧要的，并没有家长想象的那么严重，所以家长完全可以睁一只眼闭一只眼。在教育孩子的过程中，家长不要整天处于紧张状态，可以让自己放松一点儿。对于孩子生活中的琐碎小事，家长应该学会放下。毕竟孩子每天都在成长，许多道理会慢慢明白，许多事情他慢慢会做，因此不需要家长干叮咛万嘱咐。否则面对再三地提醒，孩子当然会觉得厌烦。

　　家长应该学会把最主要的精力放在那些影响孩子成长的重要事情上，比如孩子的人生态度、价值观念、职业理想、生活习惯、学习方法等，这样一来，家长不仅轻松了许多，而且孩子也会与你更亲近，你说的话对孩子也自然有效得多。

· 学会等待

　　有的家长往往有这样的心理：自己说一句，孩子就必须马上言听计从；给孩子提出一个目标，孩子就应该马上达到。这样的想法忽视了孩子的特殊情况。孩子毕竟是孩子，他的心智和能力发展还不成熟，有些事情可能还不理解，有些事情可能还不知道怎么去做，有些错误可能还会反复出现。因此，家长必须学会等待，要克制自己急躁的心理，给孩子充分的时间去改变，要允许孩子有所反复。孩子的成长需要一个过程，比如生活自理能力的提高、良好习惯的养成、文化知识的积累……都需要长时间的历练，这些不是唠叨能促成的。

· 情景再现 ·

妈妈：让你赶紧去练琴，你是听不见吗？

孩子：妈妈，我把最后一块拼图拼完就去。

妈妈：你这孩子永远都不会听大人的话，总是磨磨蹭蹭！

孩子：妈妈，我就差这一块就拼完了，不想前功尽弃！

家长不由分说地唠叨，会让孩子觉得家长不理解自己，不能站在自己的立场考虑问题。

· 只说一遍

家长如果想让孩子做什么事，应该选择恰当的时机，和孩子坐下来好好谈谈。为了引起孩子的注意，家长可以清楚明白地告诉孩子："你听好了，我只说一遍。"在对孩子说的时候，要重点突出，挑选有分量的话讲一两遍就可以，不要对孩子反反复复地说个没完。如果担心孩子没有理解，可以再给他解释一下其中的要点。另外，纠正孩子的错误时，家长也要点到即止，只要孩子能够认错并愿意改正就可以了。要知道，唠叨在大多数时候是不动听的，只会让孩子更烦。

· 就事论事

当孩子犯错的时候，有的家长喜欢翻旧账，把孩子过往的种种"恶行"全部数落一遍，每次都是越说越激动，越激动越来气，结果越说越多。其实，在生活中孩子犯一些错是正常的事，犯错误是孩子的权利，孩子就是在犯错误的过程中成长起来的。对于孩子犯的错误，家长应当就事论事，一事一议，犯了什么错就说什么错，不要加以发挥。有人说："如果你想知道家人中谁在孩子心中有威信，说话有分量，你就看看家人中谁说话少。"这里的"少"是指不会对孩子的大事小事过多地唠叨。家长说事时要切中要害，一针见血地指出问题，并且能点到即止，使问题一目了然，给孩子反思的空间，让孩子心服口服。

给爸爸妈妈的留言

亲爱的爸爸妈妈：

我们能不能签一份"协议"？那就是你们不再唠叨，而我一定更听话。

为孩子提供
有效指导

孩子犯错是在所难免的，当孩子做了错事时，很多家长的第一反应是批评。其实这个时候，最重要的不是批评或教训孩子，而应该首先教孩子如何处理事情，并且为孩子理清事情的来龙去脉，帮助孩子分析和解决问题，为孩子提供有效的指导。

在现实生活中，一旦孩子说错了什么或是做错了什么，很多家长便会紧张起来，立刻摆出一副严厉的样子对孩子严加责备，甚至还会用侮辱性的语言指责孩子，结果不但不能让孩子心服口服地接受批评，反而会引起孩子的反感甚至顶撞。

吃早餐的时候，七岁的罗文在玩一个空杯子。正在看报纸的爸爸对罗文说："你会打碎它的，不要玩了，不知道你打碎了多少东西了。"罗文自信地说："放心吧，这次不会打碎的，我保证。"罗文刚说完，杯子就从手里滑落在地，摔得支离破碎。父亲生气地说："我的天哪！你怎么又把杯子摔碎了，屋里的东西快要被你摔光了。"罗文笑嘻嘻地说："你太夸张了，而且我记得你曾经也打碎了妈妈最喜欢的盘子。"父亲一听这话，气得从座位上跳起来叫喊道："你在说什么？犯了错还这种态度，你太不像话了！"罗文看到父亲生气的样子，不高兴地跑出了家门。

或许，这件事情让罗文得到了教训，他以后再也不玩杯子了。

在上述这个平常的事件中，虽然父亲的目的看似达到了，问题看似解决了，但是在这一过程中却存在着很多问题。父亲其实也应该吸取教训，那就是应该用和善的语气指导孩子，而不是给孩子无情的指责和批评。其实，在孩子玩杯子的时候，父亲完全可以提醒儿子"小心摔了杯子，割伤了手"，然后对儿子说"玩皮球是个不错的选择"。或者当杯子打碎时，父亲可以帮助儿子处理玻璃碎片，顺带说"杯子很容易打碎，以后注意点"。这种和气的话很可能让罗文为自己的过错感到惭愧，继而会因为自己闯了祸而产生歉意。在没有斥责、没有巴掌的情况下，他甚至可能会在心里思考，并自己得出结论：杯子不是用来玩的。

> ・ 情景再现 ・

妈妈：刚才家里来客人，你为什么表现得那么差？

孩子：妈妈，我怎么了？

妈妈：怎么了？你自己不知道你怎么了？还要我提醒你吗？

孩子：妈妈，可是我到底怎么了？

妈妈批评了半天，也没有指出孩子真正的问题所在，这对于孩子改正错误毫无益处。

当孩子犯错误时，家长的批评并不能起到实质性的作用，反而容易导致孩子的怨恨和反感，甚至还会让孩子产生逆反心理，对家长产生抵触心理，偏要逆着家长来。而更糟的是，如果孩子经常受到批评，他就会经常谴责自己和别人，就会怀疑自己的价值，轻视别人的价值，从而导致性格产生缺陷。

所以，家长应该给孩子更多的指导而不是批评，具体可以参照下面的做法。

· **孩子犯错之后，指导孩子正确处理问题**

当孩子不小心碰翻了果汁，打破了杯子时，家长首先要做的不是批评孩子的错误，而是指导孩子怎样处理错误导致的后果。家长应该告诉孩子如何清理破碎的玻璃杯，如何把地板拖干净。如果家长真的能做到克制愤怒的情绪，给孩子提供建设性的意见，孩子也会及时、认真地打扫现场，并为自己的过错深感惭愧。因为家长没有批评他，而是指导他。这在孩子看来是家长给了他改错的机会，孩子会倍加珍惜。

· **杜绝辱骂，避免使用伤害孩子的语言**

无论孩子犯了怎样的错，家长都不能辱骂孩子。如果你经常在孩子犯错后辱骂他，孩子就会朝你所骂的方向发展：假如你骂孩子是个坏孩子，他就会慢慢变成真正的坏孩子；假如你骂孩子是个笨蛋，他就真的会变成笨蛋。所以，如果你想让孩子在犯错之后改过自新，就要杜绝辱骂孩子，你只需实事求是地指出孩子的错误，告诉孩子怎么做就可以了。

· 了解孩子犯错的原因

大多数情况下，家长是不清楚孩子犯错的原因的。那么家长需要和孩子进行交流，弄清楚孩子为什么会犯错，这便于家长针对孩子的错误提供指导性的意见，最终帮助孩子改正错误。家长可以对孩子说："现在没有必要惩罚你，而要搞清楚你为什么会犯错，这样你以后才不会犯相同的错误。"让孩子明白，你并没有惩罚他的意思，他才可能放下心理包袱，和你进行交流。每个人都希望得到指导而不是批评，孩子同样有这样的心理。这就要求家长在教育孩子的时候，用善意的指导和关爱代替批评和责骂，这样孩子才会虚心地接受家长的教育和引导。

给爸爸妈妈的留言

亲爱的爸爸妈妈：

今天我和小迪打架，您不分青红皂白就批评我，我真的很伤心，根本就不是我的错……

怎样帮助孩子控制不良情绪？

第一，家长可以从孩子小时候便开始培养他听舒缓音乐或者读诗词的习惯。

第二，家长可以在假期带孩子外出旅游散心。

第三，帮孩子寻找发泄方式。

第四，让孩子多参加课外活动。

第五，当孩子情绪不佳或失控时，不要直接与孩子交流，而是采取间接的方式。

培养孩子耐心的游戏

1. 立鸡蛋游戏

准备物品：鸡蛋 3 ~ 10 个。参与成员：家长和孩子。步骤：家长指导孩子把鸡蛋立起来，先从立 1 个开始，等熟练了再慢慢增加个数。作用：培养孩子的耐心。

2. 穿针引线游戏

准备物品：彩色的珠子、针、线。参与成员：家长及 5 岁以上孩子。步骤：(1) 引导孩子将线穿入针眼。(2) 将彩色珠子串联起来。作用：培养孩子的手指灵活度、注意力、耐心、创造力。

第三章

唤醒孩子的内驱力，让孩子尽情奔跑

让自信激发
孩子的内驱力

　　自信在孩子成长过程中的重要性是不言而喻的，可是孩子的自信是从何而来的呢？其实，孩子的自信最初源于家长的培养，源于家长所给予的对孩子的信任。一个拥有自信的孩子，他的内驱力会被充分激发，他会像开启了小马达一般，风驰电掣地驰骋在自己的成长之路上。

· 给孩子一个可以打破的碗

　　孩子小的时候好动，拿东西拿不稳，不能掌握轻重程度，于是许多家庭害怕孩子吃饭时打破碗，便给孩子准备了一个打不破的专用碗。然而有个妈妈却反其道而行，给了孩子一个可以打破的碗。

　　丝丝一直没有固定的碗，每次吃饭都和大人使用一样的碗。丝丝在三岁的时候，有一次吃饭，不小心把碗掉在了地上，砰的一声碗碎了。丝丝第一次打碎碗，看见地上的碎片十分惊恐，哇的一声哭了。

　　当丝丝看到自己不小心摔碎的碗时，心中充满了不安和自责。妈妈安慰丝丝说："没关系，我们一起收拾碎片，一起想想以后怎么做才能不让碗打破。"丝丝跟妈妈一起清扫了碎片后，妈妈又给丝丝拿了一个碗。丝丝非常开心，十分小心地把碗放到桌子上，还用手护着碗不让它掉下去。从那以后，丝丝就很少打破碗了。

　　孩子第一次打破碗时会感到十分害怕，因为他不是故意的。由于他的小手还不太灵活，没拿稳才把碗打破的。当他打破一次碗后，就会小心翼翼地想办法不让碗掉地上。倘若大人因为孩子打破了一只碗就不再信任小孩，不给他使用瓷碗，那么孩子会感受到大人对他的不信任。他会觉得自己只会给爸爸妈妈添乱，损坏家里的东西，自己什么事也做不好。

　　虽然孩子的自我认知等观念还未发展成熟，但会从爸爸妈妈的行为和对自己的评价中定位自己，久而久之，孩子就会因为这种不被信任的感觉怀疑自己，而变得不自信。

　　给孩子一个可以打破的碗，不仅可以锻炼孩子的肢体动作，更重要的是可以让孩子得到家长的信任，变得有自信。不过，家长的信任不是盲目给予的，当孩子做某些可以预见可能产生危险后果的事情时，家长一定要事先检查，排除可能伤害到孩子的隐患，尽可能避免危险发生。比如让三岁的孩子收拾碗，一定要保证地面不潮湿，孩子的鞋是防滑的，挪开周围的障碍物，以防孩子摔倒撞伤。

· 用信任之光点亮孩子的自信

每个孩子都有着巨大的潜力，事实证明，很多事情孩子都能够做到，只是有些家长不相信孩子，没有给他足够的机会。

家长都希望自己的孩子自信阳光，但是却在不经意间流露出对孩子的不信任。家长自己都对孩子不信任，怎么让孩子充满自信呢？只有家长给予孩子足够的信任，孩子才能更加自信。

一次，露露在草地上画画，丹丹拉着外婆的手好奇地围过来。丹丹的外婆夸露露说："看，画得多好哇，露露长大以后要当画家吗？"露露开心地说："我要做画家。丹丹要做什么呀？"丹丹说："我要做歌手。"丹丹的外婆说："她能做什么歌手哇！唱歌唱得不好，还胆小，在不熟悉的人面前胆小得不得了。不像露露，画儿画得这么好，唱歌也不错，还那么大方！"露露和丹丹顿时都感到十分尴尬，尤其是丹丹，听外婆这么说，她脸上的笑容不见了，站在旁边发呆。

家长对孩子的否定也会让孩子否定自我。家长没有让孩子试试，怎么知道孩子不行呢？如果家长对孩子多一点信任，多一份鼓励，少一点打击和否定，也许孩子长大以后真能实现他的梦想。

· 情景再现 ·

孩子：我长大了想当一名科学家！

妈妈：还科学家呢，看看你上次数学考得怎样？这成绩怎么当科学家？

孩子：妈妈……

家长随口一句对孩子的否定，可能会深深打击到孩子，使孩子越来越不自信。

当然，孩子的自信是建立在独立做好一件事情后获得成就感的基础上的，倘若家长天天只是把"你真棒"挂在嘴上，而不让孩子真正独立去做事，孩子的自信还是建立不起来。

家长要放手让孩子去做，而不只是口头夸奖，要让孩子去做他感兴趣的事情，哪怕这件事情看起来孩子不能完成。如果担心孩子的安全，那么家长要做的是给孩子创造一个安全的环境，让他能够在安全的环境中独立做事，而不是阻挠他。在这样的悉心培养下，孩子会信心满满，其内驱力便会得到有效激发，他也会因此而受益终生。

给爸爸妈妈的留言

亲爱的爸爸妈妈：

老师对我们说"自信的孩子最美丽"。我真的好想成为一个自信的孩子呀！希望爸爸妈妈平时多多鼓励我，让我一直信心满满。

欣赏的目光像太阳，
照到哪里哪里亮

没有一个孩子不希望自己是家长眼中的好孩子，没有一个孩子会故意让家长失望。孩子不仅需要来自家长的关心、疼爱，更需要获得家长的欣赏。家长欣赏的目光就像是一道耀眼的光，能够照亮孩子成长之路。

· 要善于发现孩子身上的闪光点

小峰不喜欢学习，但他热爱劳动，生活自理能力强，对别人也很关心，有不少突出的优点。可小峰的妈妈却看不到小峰身上存在的这些优点。在她的眼中，小峰成绩不好就一切都不好。小峰因为成绩差，经常受到妈妈的批评和指责。

有一次，小峰正在收拾自己的房间，并且拿出了脏衣服准备去洗。他的妈妈走进来，一把夺过小峰手中的脏衣服说道："谁让你整理房间了？谁让你洗衣服了？不想学习就拿这些事当幌子，没有一点儿出息！告诉你，成绩不好，其他方面再好也没有用，赶快去学习。"小峰在妈妈一番无端的数落下，不高兴地坐在书桌前，心却并没有在学习上。他想不通妈妈为什么只看重自己的学习，只盯住自己的短处，并且因此把自己所有的优点都抹杀了。

后来，在妈妈这样的指责下，小峰的成绩不仅没有提高，反而下降了不少，同时，小峰的那些优点也慢慢地变没了。

任何一个孩子，即使他的天资再差，缺点再多，只要他有那么一点点的优点，就是可塑之才。家长要善于发现并放大孩子的优点，用欣赏的眼光看待孩子，让孩子在自信中成长。

　　每个家长都希望孩子出类拔萃，希望孩子身上的缺点越少越好，希望孩子能尽早改正缺点。而孩子都希望得到家长的欣赏，不愿意受到家长的批评。常得到家长欣赏的孩子会更加自信、积极，以后会做得更好，而常受到批评的孩子容易产生自卑心理，甚至产生与家长对抗的情绪以及破罐子破摔的想法。

· 要善于发现并且适当放大孩子的优点

家长要善于发现孩子的优点，并且还要把这些优点适当放大去看。即使孩子取得的进步很小，家长都要对此及时进行表扬，以增强孩子的兴趣与自信。家长应鼓励孩子发扬优点，引导孩子改正缺点，激励孩子挖掘自身的潜力，帮助孩子打下走向成功的基础。

每个孩子都需要得到家长的欣赏，缺点多的孩子更是如此。家长的表扬和激励，最终会使平凡的孩子变得优秀，优秀的孩子变得更加出色。那么，家长应怎样发现并放大孩子的优点呢？

1. 不要老盯着孩子的缺点

对于孩子来说，家长的话具有很大的权威性。所以，家长不要整天把孩子的缺点挂在嘴上不停地数落，更不要对孩子说下结论的话，比如"你是笨蛋""你真没救了"等。

2. 用发展的眼光看待孩子

只要细心观察孩子，就会发现孩子取得的进步。这些进步可能是分析问题的能力有所增强，可能是某方面的知识有所增加，可能是一次作业或者一次考试有所进步，可能是在劳动或公益活动方面表现较好，可能是在文艺、体育上取得了好成绩，可能是有什么小发明、小制作等等。关键是要拿孩子的今天与昨天相比，而不是拿孩子跟别的孩子比。哪怕发现孩子有一点儿微小的进步，家长也应及时给予肯定。不应因为与别的孩子比较或与较高标准相比而觉得自己孩子这点儿进步看着不起眼，认为不值一提，就漠视孩子的点滴进步。应该想到"星星之火，可以燎原"，孩子的优点是一点点形成的。

3. 适当夸大孩子的进步

即使孩子没有进步，家长也应该寻找机会对孩子进行鼓励。如果孩子确实有了进步，家长可以适当夸大孩子的进步。这样可以调动孩子的积极性，使孩子提高对自己的期望值，增强对学习、生活的热情。

给爸爸妈妈的留言

亲爱的爸爸妈妈：

告诉你们一个小秘密，我最大的愿望就是希望爸爸妈妈能够欣赏我，能够以我是你们的孩子而感到自豪和骄傲。爸爸妈妈，你们能让我的愿望早日实现吗？

正确看待
孩子的调皮行为

　　著名作家冰心曾寄语少儿的家长和教师要正确看待孩子的调皮。当代教育家阿莫纳什维利也认为，调皮是儿童智慧的表现，是孩子可贵的品质。因此，在面对孩子的调皮捣蛋时，面对孩子所犯的一个又一个错误时，家长要用正确的眼光去看待，用积极的心态去面对。

· 孩子，没有不好，只有不同

　　陈沙读一年级时，还是挺听话的，可现在到了二年级却变得十分调皮。学习成绩不好，上课老是交头接耳，还老是打架和闯祸。在一个星期日的早上，陈沙的父亲再三对他说，一定要先做完作业再去玩。陈沙的父亲知道陈沙不自觉，就让陈沙的奶奶监督他。在奶奶的监督下，陈沙一开始表现得很听话，可过了一会儿，趁奶奶不留神，他就溜出家门了。奶奶房前屋后四处寻找，就是不见陈沙的人影儿。作业自然是没做完，这倒也罢，更可气的是，中午有人传话过来，说陈沙在镇农贸市场闯了祸。原来，陈沙和几个年纪大他两三岁的孩子各自凑了一点儿钱，买了一串鞭炮在镇上放着玩。他们把鞭炮扔进了一家副食品店的啤酒箱里，结果炸碎了好多瓶啤酒。幸亏当时行人少，要不他们就闯大祸了。据说，这点子就是陈沙出的。店主自然要他们赔，并要陈沙的父亲好好地管管自己的孩子。陈沙的父亲得知后气得发抖。他先抓住儿子一顿痛打，随后把他关进了车库。

像陈沙这样成绩较差，而且调皮捣蛋经常闯祸的孩子在现实生活中是有的，这是不是就代表这些孩子不好呢？不！绝对不是。对每个孩子来说，没有不好，只有不同。作为家长，一定要树立这样的观念，只有牢牢地树立这种观念，才能以平和的心态、公正的态度、辩证的眼光去看待孩子。否则，就很难教育好孩子。

· 正确理解和对待所谓的不好与不同

孩子刚生下来，在性格和品质上都是一张白纸，没有好与不好之分，也没有善与恶之别。就一般孩子而言，除智商稍微有点区别之外，其他都是差不多的。至于后来的所谓好与不好，主要是环境和家庭教育所起的作用。

家长所说的好与不好，其标准往往建立在孩子的成绩是否优秀、是否听话上。这些标准显然是非常片面的。对于一个孩子的成长过程来说，学习成绩只是其中的一小部分，身体素质、个性品格、思维特性等都是非常重要的。特别是在当今这个倡导创新精神的时代，我们更要重视孩子的创造力。

当孩子出现调皮的行为时，家长一定要正确看待，既不能草木皆兵，也不能放任不管。而是要根据孩子的实际情况，进行针对性的教育和引导，让他们逐渐增强自我控制，不断地成长成熟起来。

孩子：妈妈，我的同学陈沙闯祸了，被他爸爸揍了。他是个坏孩子，我不会和他玩儿了。

妈妈：犯了错误的孩子不一定就是坏孩子啊。

孩子：陈沙也是好孩子？他那么调皮！

妈妈：当然，知错能改还是好孩子。

> 家长应当引导孩子正确看待错误，正确分辨好与坏，引导孩子树立正确的是非观。

　　一位教育家说过这样一句话，一个孩子从来不犯错误，这本身就是一个大错误。这话听起来有点不可思议，但是很有道理。孩子的过错与成人的过错有本质的不同。我们要用发展的眼光来看待孩子的错误，要允许孩子犯错误。孩子可以通过自己犯的错误总结经

验，获得教训，增长才干。对孩子来说，通过自己犯错误而获得的经验和别人传授的经验，都具有重要的意义。家长不能只看到孩子犯错误带来的麻烦与负面影响，还要看到孩子由犯错误而获得经验、教训这一积极的方面。

行为不当与人不好是两回事。我们不能把他人偶然的一个行为与他的整个人联系起来，特别是对于孩子，因为孩子的一些过错背后也许有着良好的动机或独特的创意。轻易地说孩子不好，等于否定孩子。"不好"是一个概括性很强的词，家长一旦认定孩子不好，往往就会失去培养孩子的信心，放弃努力，并且把责任推给孩子自己。作为家长，这显然是不负责任的表现。

对于孩子的调皮捣蛋，家长要尽量以平和的心态、公正的态度、辩证的眼光去看待。只有这样孩子才能健康快乐地成长。

很多时候，孩子调皮行为的背后，其实是他对世界的探索与对未知的好奇。家长要能够认识到调皮是孩子的天性，对孩子的调皮行为加以正确的引导。

比如，有些孩子喜欢涂鸦，将向往的事通过画笔描绘出来。这其实是孩子想象与创造力的萌芽。家长要多和孩子沟通，倾听孩子的想法。对于爱涂鸦的孩子，家长可以引导、鼓励他把自己内心的世界画出来。

每一个孩子都是小天使，调皮的孩子也不例外。家长要针对孩子自身的特点细心教育，科学培养，孩子才能健康成长，才会有更广阔的未来。

给爸爸妈妈的留言

亲爱的爸爸妈妈：

　　我是一个调皮的孩子，在我犯了错误，闯了祸时，我真的怕爸爸妈妈认为我是个坏孩子，不再爱我。可是爸爸妈妈给了我很多次改正错误的机会，我一定要争取做一个好孩子，不让爸爸妈妈失望。

每个孩子都有
隐形的翅膀

　　家长一定要相信，每个孩子都有一双隐形的翅膀。自己的孩子并非不如别人，只要以一颗博大宽广的心去发现、去挖掘孩子的潜能，找到他的那双隐形的翅膀，唤醒孩子心中沉睡的自信与自尊，孩子一定能展翅翱翔！

· 不要轻易对孩子进行否定

　　有一个孩子给自己的父母写了这样一封信。

亲爱的爸爸妈妈：

　　表姐的学习成绩特别好，但这却成了我最大的烦恼。你们老拿我与表姐比，我的心里并不痛快。说老实话，我对正在读高二的表姐的学习能力真是佩服得五体投地，她各门功课都是那么优秀。与表姐相比，我简直太弱了。你们总是会这样说："看看你表姐是怎样学的，再看看你是怎样学的，你俩的外部条件不相上下，你怎么这样不争气呢？"这样的话几乎成了你们的口头禅。

　　为什么你们非要拿我和成绩特别优秀的表姐比？要知道，我也尽了最大努力，我在学习上并没有偷懒哪。有时我想，爸爸妈妈，你们给女儿设定的目标高不可攀，反正我也达不到，就随它去吧！

妈妈：哎！你表姐和你，简直一个天上一个地下呀！

孩子：妈妈，我和表姐差距真的那么大吗？

妈妈：你和表姐的考试成绩差多少，自己去算算！

孩子：妈妈，我是不是太弱了……

家长的否定对孩子是一种打击，可能让孩子从此开始自我否定，甚至破罐子破摔。

从这封写给父母的信中我们不难看出，信中的父母看不到孩子的优点，只看到孩子的缺点，仅仅以一个方面的优劣作为肯定或者否定孩子的依据，这对孩子的心理造成了很大的伤害。事实上，任何孩子都有自己的优点，即使是看上去很普通，甚至有些"笨"的孩子；任何孩子也都有自己的缺点，即使是大家认为十分优秀、聪明绝顶的孩子。

· 持之以恒地挖掘孩子身上的潜质

孩子隐形的翅膀需要家长去细心发现，孩子的潜质需要家长去用心挖掘，家长一定要看到孩子的优点并且多给予鼓励。因为人性中高层次的需求之一，就是希望被人赞美、让他人满意。在当今社会，大部分孩子都能在物质方面得到满足，在此基础上，精神方面的满足是他更需要的。孩子迫切希望得到他人的关注与赞赏，尤其是他最亲密的家长。经常被家长发现优点并得到表扬的孩子，比起很少被家长发现优点并得到肯定的孩子，更相信自己的能力，做事情也更有热情。

丽丽是个十岁的小女孩，她长相普通，性格也不开朗。一天晚饭后，丽丽与父母坐在沙发上看电视。他们将频道调到一档少儿节目，节目中一个和丽丽年龄相仿的女孩儿身着白色的小礼服，宛若一个天使。她的小提琴拉得很美妙，观众们都为这美妙的琴声所陶醉。丽丽的爸爸看到这个女孩儿的表演不禁赞美说："这孩子不但长得好看，琴也拉得好。唉，当初让丽丽也去学乐器就好了。"

敏感的丽丽听爸爸这么说，失落地噤声了。她觉得与那个完美的小天使相比，自己根本就是一只丑小鸭。妈妈察觉出了丽丽的情绪变化，她微笑着抚摸丽丽的头，温柔地说："为什么偏和别的孩子比

呀，咱们家丽丽也很出色。"丽丽低着头，低声说："妈妈，我没她漂亮，什么乐器都不会，你还会喜欢我吗？"

妈妈听了，笑着对丽丽说："傻孩子，妈妈也不如电视上的明星漂亮啊，你还会喜欢妈妈吗？"丽丽毫不犹豫地说："我还是会喜欢妈妈。"

妈妈说："一个道理呀，妈妈也不会不喜欢你。再说，一个人受不受大家的认可，和她长得漂亮与否并没有太大关系。我们丽丽那么乖巧，又心地善良有礼貌，大家都很喜欢你啊。"

丽丽若有所思地点点头，然后问道："那我需不需要会拉小提琴呢？"妈妈说："这是一个爱好，学什么都不是给别人看的，关键看你感不感兴趣。你不会任何乐器，但你很有绘画天分啊。有这一点，妈妈就足以为你骄傲。"妈妈的这一番话，让丽丽又高兴了起来。

上文中丽丽的妈妈面对自己看似普通的女儿，用心挖掘出了孩子身上的闪光点，发现了孩子那双隐形的翅膀。用积极的态度对待孩子，相信对孩子未来的成长是颇为有益的。

现实中，多数家长还不太善于挖掘孩子身上的潜质。很多家长都混淆了肯定与赞美，认为肯定孩子就只是多夸孩子一句"你最棒"。而实际上，对孩子进行肯定远不是说几句表扬的话那么简单。对孩子的认可与肯定，应该是一种对孩子满意的态度。当家长把这种态度贯穿到教育孩子的整个过程中，孩子才会真正被这种力量感染。

如果家长用心发掘孩子的优点和长处，发现并肯定孩子的才能与潜力，孩子往往会从家长的肯定中得到莫大的精神力量，这种力量对孩子提高信心很有帮助，还有助于促进孩子的智力发展，提高孩子在学习和生活上的斗志和自信，激励孩子更加努力，使孩子度过一段积极向上的童年时光。

不是孩子缺少优点，而是家长们缺少发现孩子优点的眼睛；同样，世界上也不缺少拥有特长的孩子，缺少的是能发现孩子特长的家长。那么作为家长该怎么发现孩子的优点与特长呢？各位不妨试试以下做法。

1. 善于观察孩子

作为家长想要了解孩子的优点和特长，最主要的就是要善于观察。家长要善于观察孩子的行为，从而发现孩子的特点。只有了解自己的孩子，才能更好地帮助孩子发挥其特长。

2. 多抽出时间陪伴孩子

想要了解自己的孩子，那么就应该抽出时间来陪伴孩子。在与孩子的朝夕相处中，家长自然就能知道孩子的优点和特长了。

3. 多鼓励孩子

作为家长，对孩子应该少些责备，多些鼓励。让孩子做自己喜欢做的事情，让孩子多一点开心。只有这样，孩子才会有勇气和胆量展示自己的特长。

发现了孩子的特长之后，最重要的是要加以培养。只有用心培养，孩子的特长才能更好地发挥。那么家长该怎么培养孩子的特长呢？需要注意以下几点。

1. 注意孩子的喜好

家长平时要善于观察孩子喜欢做什么，哪些事情做得好。了解了孩子的喜好后，家长要根据孩子的喜好进行培养。比如孩子比较安静，那么可以让孩子学习书法和下棋；如果孩子爱动，那么可以让孩子学习表演或武术。只有尊重孩子的喜好并给予培养，他的喜好才能成为特长。

2. 语言赞美是关键

家长不要吝啬自己的赞美。家长的赞美可以让孩子有成就感，这样孩子就会更加努力地发展自己的特长了。

　　每个孩子都是独特的，作为家长应该看到孩子的长处，避免用自己孩子的短处去与别的孩子的长处相比，而应该多挖掘自己孩子的长处，然后用心培养孩子的特长。

给爸爸妈妈的留言

亲爱的爸爸妈妈：

　　你们是独一无二的家长，我也是独一无二的孩子。

用赏识
激励孩子

　　现如今，很多家长都意识到了对孩子进行赏识教育的重要性，但是有些家长并没有理解赏识教育的真谛。赏识是家长发自内心对孩子的欣赏，这种欣赏不仅可以通过夸赞的语言表现出来，也可以在不经意间，通过表情、肢体动作流露出来。而这些微妙的信息，孩子都可以敏锐地捕捉到，进而获得来自家长的激励。

　　赏识不能简单地等同于赞扬或奖励。如果说后两者更多地针对孩子已完成的良好行为、已取得的优秀成绩，目的是给予孩子肯定的评价，那么，赏识应该是针对孩子做事的过程、努力的过程，目的是让孩子有信心坚持下去。

　　情景一：六岁的兰兰告诉妈妈今天她的画得到了老师的表扬。妈

妈回答："我早就知道你是最棒的。"

情景二：红红从幼儿园回来闷闷不乐，因为小朋友嘲笑她有个大蒜头鼻子。妈妈回答："你的鼻子挺漂亮啊，妈妈就喜欢你这个样子。"

如果家长像第一个情景中的妈妈那样，喜欢用"你是最棒的"这样的语言鼓励孩子，会在不知不觉中给孩子太多的压力，令孩子对自己期望过高。一旦孩子渐渐发觉事实并非如此，反过来有可能导致他产生自我怀疑，并随之产生自卑、嫉妒等负面情绪。因此，不要不切实际地赞美孩子。"你今天真漂亮"比"你是最漂亮的"要好得多；"你讲的这个故事真有趣"比"你讲故事是全班最棒的"更合理。

第二个情景中的妈妈对于孩子的痛苦进行的这种简单的宽慰并不能真正解决孩子的问题。孩子可能会因为你不理解他的伤心而一个人把不快压在心底，不再向你倾诉，甚至会导致他在今后的社交中出现心理障碍。正确的做法是：家长应该先问问孩子是不是在和谁进行比较，然后告诉孩子每个人的相貌都有自己的特点，这是无法比较的。

当然，对于能够改变的现实，家长也可以给孩子提出积极的建议，比如说孩子认为自己不够高大，家长就可以鼓励他多吃饭、多参加运动。无论怎样，家长要先表现出理解孩子的不快，千万不要一上来就盲目安慰。

那么，对孩子的赏识教育究竟应当怎样实施呢？请试试下面的做法。

· 让孩子根据自己的判断选择良好的行为

家长要做的，是帮助和支持孩子的选择，而不是替他选择，实际上也就是承认孩子的独立性，鼓励他探索。当孩子有这种自豪的体验时，其实是对他最好的表扬。反之，孩子以后做事就有可能战战兢兢，甚至成为循规蹈矩的机器人。

· 情景再现 ·

孩子：妈妈，我觉得我应该锻炼一下口才。

妈妈：是为了下个月的演讲比赛吗？

孩子：是呀，我想提前准备。

妈妈：很好呀，不打无准备之仗嘛！

引导孩子独力去做一些有益的事，比强迫孩子效果要好得多。

· 不要对孩子抱有不切实际的期望

面对当今日益激烈的社会竞争，许多家长都希望自己的孩子无所不能，各方面都胜人一筹。这种过高的期望会导致家长总带着有色的眼镜看待孩子。家长不能对孩子有正确、全面的认识，对孩子的评价自然就会有失公正。

· 表扬要事出有因

　　表扬不能泛滥，要具体。只有实实在在的表扬，才最能鼓舞人。很多家长在表扬孩子时，往往会用"你真棒"一句带过，并不对孩子的具体行为做出表扬。其实，这不是一种正确、有效的赞美方式。特别对于一些年龄尚小的孩子来说，家长更应特别强调孩子令人满意的具体行为，表扬得越具体，孩子就越清楚哪些是好行为。比如，两个小女孩在一起玩，一个小女孩不小心摔倒了，另一个小女孩赶紧跑过去把她扶起来，帮她拍净身上的土。这时，家长就应表扬得具体一些："你今天把摔倒的朋友扶起来，你做得真好，妈妈很高兴。以后和朋友在一起玩耍，就要像这样互相关心、互相帮助。"这种具体的表扬方法既赞扬了孩子的行为，又有助于孩子养成关心别人、乐于助人的好习惯。孩子以后再遇到相同的情况，也就更容易做出正确的选择。

给爸爸妈妈的留言

亲爱的爸爸妈妈：

　　上次的演讲比赛，我取得了好成绩，爸爸向我投来了赞许的目光，我觉得倍受激励，太开心了。

家长小课堂

什么是内驱力？

内驱力是在需要的基础上产生的一种内部唤醒状态或紧张状态，表现为推动有机体活动以满足需要的内部动力。一个人有了内驱力，就会有高度的热情，会积极地投身于自己想做的事情。

怎样激发孩子的内驱力？

1. 帮助孩子建立目标。建立目标可以从日常生活做起，以玩拼图来说，可以让孩子由易到难地达到目标，这样可以帮助孩子积累成功经验，提升自信。

2. 培养孩子的创造力。从孩子的视角看世界，欣赏孩子独特的见解。

3. 培养孩子的安全感。孩子有了安全感，自然就能将注意力放在眼前所要接触的事物上。反之，孩子在学习事物时会较容易出现焦虑的情绪，以及心不在焉、烦恼的状态。因此，营造和谐的家庭气氛也相当重要。

第四章

静待花开，
让孩子快乐成长

让孩子在欢声笑语中
慢慢长大

对孩子来说，玩耍是生活的重要组成部分。没有玩耍的童年是没有快乐的童年。作为家长，应该让孩子在玩耍中快乐成长，这样才能让孩子更积极、更快乐地观察生活、体验生活。

· 快乐玩耍是成长和进步的前提

19世纪，德国有一位普通的烧砖工，他的儿子非常调皮，喜欢玩耍，但是烧砖工从来不会严厉地管教儿子，而是鼓励儿子玩耍。当儿子发现父亲的工地上很好玩儿时，父亲还夸赞儿子很有玩耍的头脑。于是父亲带着儿子到砖窑厂去玩儿，并叮嘱他不要到危险的地方去。在那里，孩子在泥土中玩耍、嬉戏，在观察父亲堆砌砖瓦的劳动中，很自然地发现了形的概念与数的概念，并由此对数学产生了浓厚的兴趣。

从此这个孩子迷上了数学，终日畅游在数学世界里，并在数学上取得了很大的成就。这位烧砖工的儿子名叫高斯，他是19世纪伟大的数学家。

当《莱茵报》记者采访高斯的时候，高斯说，数学并不是神秘的东西，它来源于实际生活，又服务于实际生活。如果他的父亲不鼓励他玩耍，不带他到砖窑厂玩，那他不可能与数学结缘，也就没有今天的成就。

儿子：爸爸，我想到您工作的工地上去玩儿，那里看上去好玩儿
　　　极了。

爸爸：听上去真是个好主意，但是你一定要注意安全。

儿子：爸爸，我好像发现了一些隐藏在砖瓦中的秘密。

爸爸：那真是棒极了！

孩子在快乐的玩耍中会有所发现，有所成长。

　　高斯的成长过程给了我们许多启迪，其中非常重要的一点就是
要鼓励孩子玩耍，让孩子经常到外面去玩儿，让孩子在多玩儿多看
中开阔眼界，增长阅历，广泛吸收信息。孩子在玩耍中很可能会对
许多事物产生兴趣，这种广泛的兴趣会逐渐转化为专一的兴趣。这
种转化便给孩子的成长和成功带来了契机，明智的家长应该懂得这
种契机对孩子的重要性。

　　常言说得好："兴趣是最好的老师。"但如果孩子没有自由玩耍
的机会，又怎样发现自己的兴趣呢？其实兴趣源于生活，只有让孩
子尽情地玩耍，孩子才能在玩耍中观察生活，感受生活，并在生活
中发现自己真正的兴趣，进而在兴趣的引导下走向成功。玩耍不是
浪费生命，而恰恰是在创造生命的价值，因为孩子是从玩耍中成长
和进步的。

· 如何让孩子更会玩儿

　　爱玩儿是孩子的天性，孩子生来便喜欢玩耍。但是，如果家长能够陪孩子一起玩儿，教孩子更好地玩儿，不仅会让孩子玩儿得更开心，收获更多快乐，而且会使孩子在玩耍中更快地成长和进步。那么，家长具体应该怎样做呢？

1. 赞扬孩子新奇的玩法

　　当家长发现孩子发明了新奇的玩法时，应该给予孩子赞赏，这会让孩子因自己的创新而自豪。在这种心理的作用下，孩子的创造性会得到激发。

2. 有意识地引导孩子玩耍

　　玩耍是孩子身心发展过程中的一种本能，家长应有意识地引导孩子进行玩耍，多让孩子听音乐，学习画画，听讲故事，模仿动物叫，学唱歌等。通过这些活动，孩子的大脑活动量会增加，思维能力、想象力会得到提高，大脑功能也会得到进一步开发。

3. 对孩子玩耍过程中的危险行为要耐心地引导

在玩耍中，孩子可能会做出某些危险的行为，在这种情况下，家长千万不要粗暴地训斥孩子，更不要对孩子动武、体罚。而应该对孩子进行耐心的引导，告诉他这种行为可能会造成的严重后果，使他树立安全意识。

4. 陪孩子一起发明新的玩法

当你有空陪孩子玩耍的时候，不要局限于以往的玩法，要和孩子一起创新玩法。最主要的是要引导孩子，激励孩子积极思考，敢于打破常规的玩法。比如，把椅子当船，把扫把当桨，和孩子一起感受划船的快乐。

家长要对孩子的玩耍能力表示肯定和认可，让孩子知道你为他独特的玩法而高兴。这样，他才会不断创新玩法，才会自由自在地玩儿，并在快乐中成长。

5. 多让孩子和他人一起玩

家长可以多带孩子去公园、广场等地方玩儿，对于大一些的孩子，家长还可以带孩子去外地走亲戚或者为孩子创造旅行的机会，让孩子能够多与外界接触，增加孩子和同龄人玩耍的机会，这样能够促进孩子心理的正常发育。孩子在与他人一起玩耍的过程中，更容易获得新的玩耍内容，这会为孩子增添玩耍的乐趣。同时，其交际能力会增强，心智也会得到发展。

另外，家长还要鼓励孩子积极参加一些户外活动和体育项目类的游戏，比如踢足球、打篮球等，这样可以使孩子在玩耍的同时满足锻炼身体、交际等多方面的需求。

给爸爸妈妈的留言

亲爱的爸爸妈妈：

    我是一个贪玩儿的孩子，不过老师说我同时也是一个聪明的孩子。爱玩儿是我的天性，感谢爸爸妈妈让我能够经常痛痛快快地玩耍，我感到无比快乐。

想象力
比知识更重要

爱因斯坦说过，想象力比知识更重要，因为知识是有限的，而想象力概括着世界上的一切。现代教育也一直在鼓励孩子发挥想象力，可是仍有一些家长不断地规范着孩子那个充满想象力的美丽世界。孩子被调教得规规矩矩，做事小心翼翼，生怕一不小心就偏离了"正确的"思想轨迹。他那丰富活泼的想象力，就这样在一系列的常识和常规的限定下逐渐萎缩和退化。

孩童时期是一个人的想象力得以开发的最佳时段。孩子那奇异丰富的想象往往能孕育出奇妙的东西。可以说，任何的创新都萌芽于看似幼稚的异想天开中。

· 为孩子的想象力插上翅膀

1877 年冬天，美国的代顿地区下了一场大雪，一群孩子来到堆着厚厚白雪的山坡上，乘着自制的爬犁飞快地向下滑去。莱特兄弟看了很羡慕，可是他们的爸爸却因出差在外而不能给他们做爬犁，于是他们决定自己动手做一个。

兄弟俩的想法得到了妈妈的支持，妈妈也参与其中，帮助他们设计图纸，并且还告诉了他们一个重要的诀窍——要想使爬犁滑得快，就要把爬犁尽量做得矮一些，以减小空气带来的阻力。

·情景再现·

莱特兄弟：妈妈，我们想自己做一架爬犁，和同伴们比赛。

妈妈：那我们一起做怎么样？

莱特兄弟：太好啦！让我们马上开始吧！

妈妈：我们得先设计图样，然后再做。

莱特兄弟：妈妈，为什么我们的爬犁设计得这么矮？

妈妈：为了减小空气带来的阻力，这样的爬犁会滑得飞快！

> 　　莱特兄弟的妈妈不仅支持孩子们的想法，还引导和参与实际制作，这对他们想象力的保护和开发至关重要。

第二天，莱特兄弟的爬犁做成了。孩子们开始比赛，莱特兄弟果然大获全胜，这给了莱特兄弟很大启发。

圣诞节到了，爸爸带回来一个神奇的东西——飞螺旋，能在空中飞。莱特兄弟原本认为只有鸟儿、蝴蝶才能在天上飞，没想到竟然有人造的东西也可以飞。从此以后，他们的幼小心灵便插上了想象力的翅膀。

1903年12月17日，莱特兄弟在北卡罗来纳州的基蒂霍克试飞成功一架结构单薄、样子奇特的双翼飞机——"飞行者一号"。这是人类历史上第一架能够自由飞行，并且完全可以由人操纵的动力飞机。这一天成了飞机诞生之日。莱特兄弟的梦想终于成为现实。

有想象力的孩子更有创造潜力和发展前途。家长应正确地面对孩子的想象，不要嘲笑他，不要因孩子的异想天开而挫伤他，而应加倍关注爱幻想、爱标新立异、有独特见解的孩子，充分挖掘其异想天开中的合理因素，使他敢想敢说，敢于创新。

· 怎样有效开发孩子的想象力

想象力是智力发展的体现，是好奇心向创造力的延伸，人类正是通过想象才冲破一道道界限，创造出现在这样美好的世界，而且这个世界也将因人类的想象而更加美好。孩子的孩童时期是开发想象力的最好阶段，那么怎样才能使孩子的想象力得到充分开发呢？家长应该注意以下几点。

1. 让孩子随心所欲地想象

成人的世界常常太过现实，而孩子的世界却是丰富多彩、奇妙无穷的。对于孩子的想象力，千万不能让其自生自灭，使其错失发展的良机。家长可以选择一些经典童话作品，如《小王子》《爱丽丝梦游奇境记》等，在共同的阅读和欣赏中激发孩子的想象力。比如家长可以引导孩子一边读《爱丽丝梦游奇境记》，一边将幻想世界中"叼着烟斗的毛毛虫""红心女王的棒球比赛"等事物或情景画出来。

2. 家长要保持一颗童心

如果你想提升孩子的想象力，那么就不要以大人的思维介入孩子的世界，要保持一种童心未泯的状态，与孩子一起做手工、解智力题、下棋、绘画、玩趣味游戏……让孩子能在一种无拘无束的家庭环境中发挥出自己的想象力。孩子的一些想法也许不符合常理，但那也没关系。允许孩子异想天开，鼓励孩子自己动手去做他想做的事，这些都有助于培养出有想象力的孩子。

3. 鼓励孩子续编故事

很多孩子小时候喜欢编故事，讲故事，他们把这些故事讲给爸爸妈妈或一些朋友听，有时也讲给自己听。对于孩子的这种行为，家长要积极鼓励，不要觉得孩子是在胡思乱想。家长也可适当引导孩子续编故事，比如家长和孩子读完一个故事后，引导孩子按照某个主题去自由发挥，讲到精彩之处，家长还可以用笔记下来，以此鼓励孩子。时间长了，孩子的想象力会越来越丰富。

给爸爸妈妈的留言

亲爱的爸爸妈妈：

    我的头脑中每天都会冒出很多想法，我的朋友墨墨也是一样。可是墨墨的妈妈说她是异想天开、胡思乱想，你们却从不这样说我，我感到很幸福。

让好奇的小船
驶入知识的海洋

著名古生物学家周忠和说过，好奇心代表着人的求知欲，是一种积极的思维活动，是人类认知世界的主要驱动力。好奇心是孩子产生认知的动机，如果没有好奇心，孩子是没有兴趣集中注意力并深入探索和思考的。因此，家长可以引导孩子将好奇的小船驶入知识的海洋，引导孩子将好奇变成对知识的渴求和探索。

· 让好奇心引发孩子的求知欲

一位母亲谈起她的女儿林琳时说道："林琳生来就喜欢好奇地观察事物。后来，她对不了解的事物喜欢刨根问底，我也千方百计地给予解释，从而让她养成了遇事爱思考、爱提问的习惯。我带林琳去博物馆看秦兵马俑，她忽然问道：'这个兵俑有多重？'她的发问引起一位年长管理人员的重视，管理人员走过来对她说：'小朋友，你问得太好了，只是我们也不知道有多重。请把你的姓名地址留下，待我们称量出来以后一定写信告诉你，好吗？'为了使孩子的各种疑问能找到正确答案，我买了大量的书，于是林琳整日沉醉于《中国孩子的疑问》《十万个为什么》《植物之谜》《生物之谜》《上下五千年》《少儿百科全书》等书籍之中。书读多了，知识也便日渐丰富。林琳三岁时问为什么会有春、夏、秋、冬。我借助《大和小》的儿歌给她讲解了地球和太阳运行时相对位置发生变化而形成四季的

道理。

　　"林琳七岁那年，我带她到天文馆，恰巧看到了太阳、地球、月亮的运行模型。我再一次为她讲解了四季形成的原因。谁知她突然问我：'为什么夏天最热、冬天最冷呢？'我的回答是夏天地球离太阳近，冬天地球离太阳远。她当即指出我的答案完全错了。她说：'夏天地球离太阳最远，可阳光却是垂直照射在北半球，所以夏天我们生活在北半球的人感到最热；冬天阳光斜射在北半球，所以我们感到寒

冷。'我深深被孩子的见解折服，她比我懂的都多了。"

别看孩子年纪小，他的好奇心却是很强的，每次看见新奇的东西，他都会兴致勃勃地去看个究竟。不仅如此，他还要自己去探查，若是家长直接告诉他答案，他可能不相信，甚至还会责怪家长破坏了他去探索的机会。

· 情景再现 ·

孩子：咦？这个温度计里的红线为什么会上升和下降呢？

妈妈：是因为……

孩子：妈妈，先不要说，让我自己研究研究。

家长要给孩子的好奇心和探索欲留有适度的空间，让孩子享受探索与发现的乐趣。

事实上，孩子是喜欢自己探索的，他渴望的是自己获取第一手资料。只有亲自看过、嗅过、尝过、触摸过，他才会相信。明白了爱探索是孩子的特性，家长也就不必去阻止他了。

· 怎样引发孩子的好奇心

孩子产生好奇的原因有很多种，有的孩子只是想知道"这是什么"，有的孩子会疑惑"为什么会这样"。这些好奇为孩子产生深入的思考和探索奠定了基础，是思考和探索产生的原始驱动力。那么应该怎样引发孩子的好奇心呢？相关专家提出了以下几点建议。

1. 家长要给予孩子安全感

平常对孩子不要一脸严肃，也无须扮演命令、威胁、说教或斥责的角色，因为这些角色往往会使孩子因产生恐惧而畏缩。家长要给孩子温暖和安全感，善于发现问题并协助孩子解决问题。

2. 尊重孩子的个体差异

每个孩子天生有其独特的兴趣和爱好，家长对孩子的兴趣与好奇不能横加干涉，要让孩子拥有自由发挥和自由发展的空间。

3. 善用沟通技巧

孩子的好奇心与学习动机会在家长专心倾听以及平等的语言沟通过程中被引发出来。

其实，孩子的好奇心特别容易被激发，比如，事物色彩鲜亮的外表、特殊的造型会激发孩子的好奇心，变化的现象和未经历过的体验也会激发孩子的好奇心。很多家长以为要激发孩子的好奇心就需要提供各种各样的新事物。其实未必，孩子接触过的事物也同样会激发他的好奇心。重要的是如何创设新环境、新游戏方式来让孩子对事物产生好奇心，同时，还应通过游戏的方式引导孩子对相同事物的不同方面产生好奇，而不仅仅停留在认识事物表面的阶段。

4. 引导孩子阅读书籍

书籍是激发孩子好奇心最好的媒介之一。孩子受到生活环境的限制，能接触到的世界是有限的，而书籍能让孩子拓展认知范围，使孩子的认知不受时空的限制。因此，家长要引导孩子多读书，读适合孩子年龄段的书籍，家长要注意发现孩子的兴趣所在，也可以陪着孩子一起读书，这是引发孩子好奇心的有效方式。

给爸爸妈妈的留言

亲爱的爸爸妈妈：

世界是那样丰富多彩，我的心里满是好奇。这个世界上有太多我不知道的事情了，有太多的未解之谜了，真希望我能知道得更多一些。

让孩子的天性之花
静静绽放

教育家卢梭说过，大自然希望儿童在成人以前就要像儿童的样子。如果我们打乱了这个次序，我们就会造成一些早熟的果实，这样的果实既不丰满也不甜美，而且很快就会腐烂。教育必须遵循自然，让孩子在自然中自由地发展。在孩子的成长过程中，家长需要特别重视的问题就是要保护孩子的天性，让孩子拥有童真。

· 不要把童真关进笼子里

妮妮的妈妈是一位看起来非常温和的妈妈，从来不跟孩子发脾气，不管遇到什么事情，她都会耐心地跟孩子讲道理。妮妮也很乖巧，不管她多想做某件事，只要妈妈跟她讲明白不可以做的道理，她通常会无条件服从，绝不耍赖。

一方面，妈妈因为妮妮的懂事而欣慰，另一方面，妈妈也隐隐有些担心："我女儿似乎太讲道理了，有时候，我甚至觉得她不像孩子，缺少了孩子应该有的那种天真。像她这样是不是也有问题呢？"

一次，妮妮去上一堂厨艺课，课程的内容是制作一张"好吃的画"。课程中，妮妮的妈妈总是很温和地在旁边提醒她："水放多了点儿。水要多了，面就稀了，就没法和成面团了，我觉得要是再加点儿面就好了。""我看到你在面饼上加了很多紫色，我觉得要再加点儿别的颜色就好看了。哟，不小心加多了点儿，加一点点就好。你看，要是在这个位置再加点儿橙色的颜料，这幅画就平衡了。红色、紫色和绿色不可以混到一起，混到一起就变得不好看了。"

与此同时，别的孩子都在按照他们自己的想法随意创作，他们大胆自信、无拘无束。只有妮妮，从头至尾都在妈妈的指导下完成自己的作品。每当她有自己的想法时，妈妈一发话，她立刻改弦易辙，按照妈妈的指导去实施。当然，最终的结果是，这个小女孩的画是结构最均衡、色彩搭配最和谐的一张。其他孩子的画则有着掩饰不住的童稚，鲜活得就像他们可爱的脸庞，各有各的特色。

我们可以看出，虽然妮妮的妈妈非常温和，但她一直在用一双看不见的手控制妮妮的一举一动。妮妮表达的全是妈妈的意志，缺乏孩子的天真也是情理之中的事了。

如果妈妈给妮妮多一些自由，让她自己去安排画面，选用她喜欢的颜色，感受三种颜色混到一起会变脏的结果，她的好奇心、探索的积极性会得到保护，她自然也会在探索的过程中领悟到更多的东西，从而获得自我成长的机会。妈妈给予她过多的指导，实际上给了她一种软性的控制，导致她养成凡事依赖家长的习惯，若没有家长的决定与指导，她就无所适从。

· **用孩子的眼光看世界**

有时，我们很难理解孩子的行为，并总是试图去干预、纠正孩子的行为，这是由于我们是在用成人的眼光看世界，用成人的思维思考。如果家长真正做到用孩子的眼光看世界时，就会明白，为什么那么多在自己的眼中平淡无奇的东西，在孩子眼中却那么有趣、珍贵、神秘。如果家长能够做到以下几点，一定会对孩子的世界有更深的了解，一定会更容易理解孩子。

1. 蹲下来和孩子一起看世界

用孩子的眼光看世界，需要和孩子有同一视角，这就需要和孩子保持同一高度。为什么有的孩子不喜欢和家长一起去逛超市呢？因为孩子在超市里可能看到的只是一双双腿。

· 情景再现 ·

妈妈：妈妈带你去超市呀？

孩子：不要，我最讨厌去超市了。

妈妈：超市里有那么多好玩好吃好看的东西，你为什么不喜欢去呢？

孩子：因为我看到的只是好多双腿呀。

孩子和大人眼中的世界可能是截然不同的，要尊重孩子的天性，理解孩子的认知。

所以，当孩子因为这类事情不听话时，家长不要急着批评孩子，而应该蹲下来和孩子保持同一视角高度，这样才能看清楚孩子眼中的世界。

2. 换位思考，学会理解孩子的心情

如果家长懂得换位思考，经常站在孩子的角度看问题，就不会和孩子产生认识上的冲突。孩子不想吃药，家长站在孩子的角度想一想就明白了，因为药是苦的，那么家长就不会强硬地逼迫孩子听话，而是会采取一些更柔和的方式引导孩子吃药；孩子不想睡觉，想多玩一会儿，家长站在孩子的角度想一想就会明白，因为孩子贪玩，这是他的天性，这样家长就会允许孩子多玩一会儿。只有当家长学会换位思考，才能理解孩子的心情，理解孩子是怎样看世界的。

3. 尊重孩子的意愿，给孩子自主选择权

很多家长为了让孩子变得更优秀，不惜违背孩子的意愿，给孩子报提高班、兴趣班。孩子知道家长是为自己好，所以他即使不愿意学，也会强迫自己学，但是他学得并不快乐。如果你懂得尊重孩子的意愿，在关于孩子的事情上给他们一些选择的权利，和孩子商

量着做决定，会让孩子感到家长对自己的尊重。

其实，在孩子的眼里，这个世界既五光十色，又简单纯净。家长不应该用自己的思维方式来理解孩子，而要尽量做到用孩子的思维方式来理解孩子。在大人眼里，孩子的很多做法是不合理的，甚至有些不可理喻，但是回想自己的童年我们就会发现，孩子的认知是感性的，他在用自己的方式来感受世界。当家长学会用孩子的眼光看待世界时，才会真正走进孩子心里。

给爸爸妈妈的留言

亲爱的爸爸妈妈：

我们小孩子的世界可有意思了，老师说我们这叫童真，真希望我们能够永远都有童真，那样我们就可以一直感受世界的奇妙啦！

尽量满足
孩子的求知欲

天文学家卡尔·萨根说过，每个人在他幼年的时候都是科学家，因为每个孩子都和科学家一样，对自然界的奇观满怀好奇和敬畏。作为家长，要鼓励孩子多提问，而不是责怪孩子问题太多。孩子的问题多，说明他很聪明。作为孩子的第一任老师，家长应该尽可能地多解答、耐心解答孩子的问题，满足孩子的求知欲。

露露是个充满活力的小女孩，她喜欢幻想，和其他同龄孩子一样，小脑袋里总有问不完的问题："为什么蛇没有腿也能走？""为什么月亮只有晚上才出来？""为什么电灯会发光？""为什么星星总是眨眼睛？"……只要有不明白的地方，她都要问问爸爸妈妈，有的时候她提的问题连爸爸妈妈也不知道该怎么回答。一开始，孩子的问题很简单，几句话就能解答清楚，露露的爸爸和妈妈还保持着一定的耐心。可是随着孩子问的问题难度加大，慢慢地，他们就感到招架不住了。

这天从幼儿园放学后，露露一个人在客厅看电视，妈妈在厨房做饭。电视里正放着她最爱看的《动物世界》，她高兴极了。这一集是讲青蛙的，她看到电视里的青蛙感到很奇怪，她想，为什么小青蛙一会儿在水里，一会儿又蹦到岸上了？露露脑子里都是问号。

露露跑到厨房，去问妈妈："妈妈，为什么小青蛙能爬到岸上来呢？它不会死掉吗？"此时妈妈的大虾刚下锅，正忙得不可开交，根

本没有工夫回答她的提问，就随便敷衍了一句："它是两栖动物呀，两栖动物就可以一会儿在水里，一会儿又跑到陆地上啊！"这个回答让露露有些兴奋，更激起了她的求知欲望，她继续问道："妈妈，那什么叫两栖动物呀？"妈妈大概解释了一下，可露露又从妈妈的解释中找出了很多问题。妈妈终于忍不住发火了，她对露露喊道："哎呀，你这孩子，别问这种莫名其妙的问题了！你真是烦死了！这么个小孩子，问这么多干吗？你都成了'十万个为什么'了！"露露被妈妈突如其来的指责吓得大哭起来。

露露的妈妈对孩子的提问很不耐烦，她并不知道自己这样做伤了孩子的心。露露本来是个聪明好问的小姑娘，可是在妈妈的压制下，也许就会慢慢关闭对外界感知的心，其思维的火种也会渐渐熄灭。

疑问在孩子成长的过程中至关重要，许多发明创造都是在疑问中诞生的。孩子经常提出疑问，说明孩子具有创新意识，家长不仅不应该对孩子表现出不耐烦，反而应该觉得欣慰。因为他惯于使用发散性或者逆向思维，所以他的问题会特别多，看见什么都想问为什么，甚至想说出自己的看法。

例如，大科学家牛顿看到苹果落地后，会想为什么苹果不是飞向天空呢？正是这种质疑使他发现了万有引力定律。李时珍对古书上说的大豆能解毒的结论产生了疑问，于是他反复试验，最终发现大豆要加上甘草才能解毒。

以上类型的例子不胜枚举。由此可见，家长一定要学会正确对待孩子提出的问题，不要一味地敷衍。在具体做的时候要注意以下几个方面。

· **要有正确的态度**

孩子的问题可能很幼稚，或是根本不切实际，但是家长不能嘲笑孩子，要认真地回答孩子的问题，不要敷衍了事。当然，对于孩子提出的不合理的问题，要用探讨的口吻耐心地告诉他不合理之处。

· 不要找借口推辞

如果孩子提问时家长正忙，要和孩子解释原因，请孩子稍等。有时孩子向家长提问时，可能正是家长非常忙碌的时候。此时家长应该耐心地向孩子解释，或是告诉孩子，自己忙完手头的事情大概要多久，让孩子耐心地等待一会儿，等忙完了再与孩子共同探讨问题。这里尤其需要说明的是，家长一定要兑现这个承诺，而不是把其当成一个推辞的借口。

· 情景再现 ·

孩子：爸爸，为什么会有白天和黑夜？

爸爸：爸爸现在正忙，一会儿告诉你。

孩子：一会儿？一会儿是什么时候？

爸爸：爸爸需要忙完工作，大约一小时后。

爸爸在忙碌的时候给了孩子一个明确的答疑解惑的时间，而没有粗暴地拒绝孩子，这是很好的做法。

· 和孩子一起寻找答案

如果孩子提出的问题家长也不知道答案，一定要对孩子坦言相告。孩子经常根据想象提出千奇百怪的问题，家长有时也不知道确定的答案，这时可以坦白地告诉孩子，和孩子一起去寻找正确的答案。这样非但不会让家长在孩子面前失去面子，反而会给孩子树立了一个"知之为知之，不知为不知"的好榜样，让孩子明白知识是需要不停地学习的。

· 不要直接告诉孩子答案

　　鼓励孩子自己去寻找答案。有时家长面对孩子提出的问题，不一定要马上告诉他答案，应该鼓励孩子通过自己的摸索和实践去找到答案。这对提升孩子的学习能力以及开发孩子的智力等十分有益。

给爸爸妈妈的留言

亲爱的爸爸妈妈：

　　昨天我很伤心，妈妈不仅没有告诉我两栖动物是怎么回事，还批评了我。

让孩子拥有
发现美的眼睛

日常生活以及自然界中无不蕴含着各种美的事物和现象。拥有一双善于发现美的眼睛，是孩子提升审美情操和审美能力的前提，也是孩子体验色彩斑斓的美妙人生的必不可少的一种能力。

一位作家是这样教育孩子欣赏生活之美的。我的女儿很爱美。看到一些小朋友着装艳丽，就不免流露出几分羡慕。有一次，她看到圆圆涂了红指甲，便悄悄问我："圆圆涂红指甲好不好看？"我抓住机会告诉她，什么是美，怎样欣赏美。我没有限制孩子在穿戴方面的选择，也从不规定她哪些可以穿或哪些不可以穿，我之所以这样做是防止她产生逆反心理，同时也不愿剥夺女儿爱美的权利。

一次，我提出了一个有意思的建议——全家一起动手给女儿做一件美丽的衣服。我利用家里的剩绒布拼成灰绿色外衣，由女儿自己设计选择补花图案，她选择了一个卡通小姑娘。于是，我们找出各色花布，女儿负责剪纸样，全家人剪剪贴贴，拼拼补补，一起缝制，整整干了两天一夜才完工。我们把这件全家齐心协力设计、制作的衣服挂在衣架上欣赏，那奇特的效果简直美得令人心醉！我们全家激动得紧紧地拥抱在一起。

女儿几次到电视台录像都穿着这件衣服，从幼儿园一直穿到小学三年级仍舍不得丢弃。女儿在一篇作文中写道："即使我住进了宫殿，享遍富贵荣华，不管走到哪里，都永远不会丢弃我们全家人一起制作的这件衣服。"

这么多年，女儿在衣饰和学习用品等物质享受上从不与人攀比，她不是有意地压抑自己，而是具有正确的价值观和审美观！

这位作家用她的方式去引导孩子建立正确的审美观。有些家长用名牌、进口货等来建立孩子的审美观，有些家长则用艰苦朴素的观点来压抑孩子对美的渴求。而这位作家让孩子明白了什么是富于个性的美，并让孩子用自己对美的理解动手去创造美。美，在每个热爱生活的人的心灵里。家长要做富有生活情趣的人，要有一定的审美能力，才能给孩子积极的影响。家长也可以试着用孩子的视角去看待生活中的美丽和可爱。

培养孩子审美的方法和途径是多种多样的，家长们不妨试试以下方式来培养孩子的审美观。

· 教会孩子去发现美

　　美是无处不在的，但并非人人都能发现和欣赏它们，只有会发现美的人，对美才会有更多体验，生活中才会有更多的欣喜。小学生的理解力和观察力是有限的，所以，在任何有美好事物的地方，家长都应及时指出，引起孩子的注意。如让孩子观察天上云彩的变化，在树荫下认真读书的孩子，跳高运动员腾空的动作等。在这种长期的引导下，孩子对美的感觉也会更灵敏。孩子会逐渐知道：原来不只蓝天是美的，衬托它们的白云也很美；不只电视里的英雄人物是美的，生活中的许多平常人也很美；不只艺术是美的，竞技运动也很美。

· 创造美的家庭环境

　　家庭环境不仅包括物质环境，还包括精神环境。带领孩子打扫卫生，进行居家布置，使孩子在美化环境的同时也美化了自己。有条件的家庭还可以用书画、花草装点家里，给孩子营造一个充满书香气的清新美丽的生活环境。但是，要有一个美的家庭环境最重要的是家庭和睦，这要求家长不仅要仪表美，还要言行美。这就需要家长本身有一定的审美情趣和修养。

妈妈：新年快到了，我们一起把家装扮一新怎么样？

孩子：太好啦。

妈妈：那你有什么好的建议吗？

孩子：我想养一缸五颜六色的小鱼，这样家里一定很漂亮。

妈妈：这真是个好主意！

善于发现生活之美，能让孩子的人生更富有光彩。家长需要有意识地从小培养孩子的审美能力。

· 丰富家庭娱乐

健康愉快的娱乐活动可以陶冶孩子的情操，并使孩子在娱乐中受到艺术感染。如果家长和孩子经常一起进行绘画、音乐欣赏等有益活动，不仅可以使孩子领略到艺术美，也可以增进一家人的感情。对于低年级的孩子，游戏和玩具还是他生活中的一部分，家长不能忽略这一点，不能认为孩子上学了，其主要任务是学习，就不需要游戏了。而对于高年级的孩子，家长就应逐步培养其艺术才能了。

· 从小培养孩子正确的审美观

家长要引导孩子理解：美不仅表现在外表上，更重要的是心灵美。家长要让孩子明白什么是美，如何体现美。打扮时髦、讲究名牌不是美，随地吐痰、不讲公德也不是美，整洁大方、精神饱满、自自然然才是美。对孩子要穿名牌，与同学攀比，打扮得成人化的要求，家长要耐心地跟他讲清楚这不是真正的美。

· 塑造美的心灵

家长不仅要引导孩子对外表美的认识，还要抓住孩子爱美、要美的心理，塑造孩子美的心灵，告诉他讲文明、懂礼貌是美的，尊老爱幼、扶困济贫是美的，爱护树木、关注环保是美的……使自己的孩子做到心灵美、语言美、行为美。

要想让孩子知道什么是美，就要帮助孩子提高对美的感受力。审美感知并不是天生就有的，而是在有意无意的审美活动中发展起来的。家长要经常带孩子走进大自然去发现美，多参加社会艺术活动去感受美、体验美。

给爸爸妈妈的留言

亲爱的爸爸妈妈：

今天我穿的新衣服被大家交口称赞，我告诉他们是爸爸妈妈和我一起设计的，他们羡慕得睁圆了眼睛。

什么是想象力?

想象力是在大脑中"描绘"图像的能力。当然,所想象的内容不仅限图像,还包括声音、味道等五感内容,甚至疼痛和各种情绪体验都能通过想象在大脑中"描绘"出来。

亲子互动游戏

1. 夹球跳

孩子将球夹在膝盖处,往前跳,跳至家长处,将球交给家长;家长用膝盖夹住球往回跳。

2. 搬家乐

家长和孩子两人各执一张平铺报纸,上面放若干海洋球,用报纸搬运海洋球至箩筐处,在规定的 1 分钟时间内,看看你们可以成功搬运多少。搬运的数量最多的获胜。注意,搬运途中报纸必须平展。

第五章

积极养育，为孩子
插上飞翔的翅膀

累积千万,
不如养个好习惯

著名教育家叶圣陶说过,累积千万,不如养个好习惯。培根也说过,习惯是人生的主宰。人的习惯一旦形成,就会成为一种潜意识的行为,对其事业、生活起着永久性的作用。培养良好的习惯对孩子的成长而言至关重要。

· 好习惯将使孩子受益终身

关于习惯,我国古代大思想家墨子有个著名的论点就是"素丝说":"染于苍则苍,染于黄则黄……故染不可不慎也。"的确,孩子刚出生时就像待染的素丝,家长把它染成黑的就是黑的,染成黄的就是黄的,所以说染丝不可不谨慎,对孩子的教育也是这样,千万不能掉以轻心。

在一次诺贝尔奖得主的聚会上,记者问一位科学家:"请问,您认为您在人生的哪个阶段学到了最重要的东西?"

这位科学家说:"在幼儿园。"

"在幼儿园学到了什么?"

"学到了把自己的东西分一半给小伙伴,不是自己的东西不要拿,做错事要表示歉意……"

这位大科学家所谓的最重要的东西，其实就是良好的习惯。

习惯是伴随孩子一生的东西，影响其生活方式和成长的道路。习惯是不断重复或练习而形成的固定化行为方式。一个人一旦养成良好的习惯，其学习、工作和生活效率便会大大提高，具体表现在以下几个方面。

首先，养成良好的习惯，使我们做事情时可以达到事半功倍的效果。

其次，养成了良好的习惯，我们在应对一些复杂、高难的事情时会更加从容不迫。

再次，人的习惯一旦形成，就会长久地保存下来。换句话说，习惯能使人的行为能力得到贮存，当有需要时，人的潜意识就会马上唤醒那些中断了的行为习惯，肢体感官随即也能按定式做出相应的反应。所以，恢复过去的某些行为，要比当初学这些行为快得多。

· 怎样科学地培养孩子的好习惯

习惯是在人的生活、学习过程中逐渐形成的，是可以培养的。家长要想使自己的孩子更出色，就得从培养孩子的好习惯入手。

那么，家长应如何科学地培养孩子良好的习惯呢？专家认为主要应从以下几个方面入手。

1. 明确要求，严格执行

对孩子行为习惯的要求，家长应交代得详细明确，让孩子清楚明白，决不能含含糊糊。

没有规矩，不成方圆。家长决不能只提要求，在行动上却不加以督促。不严格要求孩子，遇到困难就放任孩子打退堂鼓，这样做非但不能使孩子养成良好的习惯，反而会加重孩子的惰性，使孩子变得散漫任性。因为在好习惯形成的过程中，常常有相反力量在作崇。孩子只要有一回因杂念而放弃了对好习惯的追求，重新培养起来就会变得困难了。

所以，对孩子的要求一旦提出，就应严格施行，毫不退让，更不能轻易改变。这样，才有助于孩子良好习惯的养成。

· 情景再现 ·

妈妈：游戏时间结束了，现在该去看书了。

孩子：妈妈，再让我玩一会儿嘛，就一会儿。

妈妈：不行，要遵守时间表。

孩子：那好吧。

孩子有不好的行为习惯时，家长要及时纠正，态度要坚决，执行要有力。

2. 及时鼓励孩子

心理学家威廉·詹姆斯说过，人性最深层的需求就是渴望别人的赞赏。著名作家马克·吐温也曾深有体会地说，靠一个美好的赞扬他能多活上两个月。谁都希望得到别人对自己优点和长处的赞赏，天真烂漫的孩子尤其是这样。因此，家长要抓住恰当的时机，对孩子多加赞赏。

家长鼓励孩子的方法有很多，对孩子来说，家长一句赞赏的话语，一个信任的眼神可能都是不小的鼓励。家长鼓励孩子的机会也很多。孩子自己动手叠被子、整理衣物时，家长可以对孩子说："宝贝，自己的事情自己做，真是好样的！"孩子为他人做了好事时，家长可以对孩子说："关心他人、乐于助人是一种很好的行为，我们为你感到自豪！"孩子在学习或生活上遇到了困难、打击时，家长可以对孩子说："困难是暂时的，我们相信，只要你不向困难低头，就一定会成功！"

3. 防微杜渐，及时矫正孩子的不良习惯

对于孩子的不良行为，家长不能听之任之。家长一定要把孩子的坏习惯消灭于萌芽状态，防患于未然。

家长应让孩子明白"勿以恶小而为之，勿以善小而不为"的道理。对孩子身上已经出现的不良行为习惯，家长一定要帮助孩子及时纠正。教育的过程就是让孩子改掉不良习惯，养成好习惯的过程。好的习惯能够造就一个人，而坏的习惯则可能会毁掉一个人。家长要相信，不管习惯的力量有多大，人本身的力量更加强大。因此，无论孩子目前有什么样的不良习惯，只要家长有恒心、有毅力，任何不良习惯都可以被纠正。家长要帮助孩子改掉不良习惯，助力孩子成就美好人生。

给爸爸妈妈的留言

亲爱的爸爸妈妈：

　　最近我发现了一个小秘密，如果一个行为形成了习惯，做起来就感觉没那么难了。写作业是这样，练钢琴也是这样，看来养成好习惯对我们小孩子来说真是太重要了！

让好性格助力孩子
扬帆起航

爱因斯坦说过，优秀的性格和钢铁的意志，比智慧和博学更重要，智力的成熟很大程度上是依靠性格的，这点往往超出人们通常的认识。可见，良好的性格对一个人的发展至关重要。人们常说性格决定命运，好的性格能够让人以积极、乐观的态度面对生活。如果家长重视对孩子性格的培养，将会助力孩子的成长。

· 什么样的性格是好的性格

世界上每个人的相貌各不相同，每个人的性格也是千差万别。那么什么样的性格才是好的性格呢？一般来说，好的性格应该包括以下几个方面。

1. 饱满的热情

一个人如果缺乏热情，那么他做任何事都不可能成功。热情，对大多数孩子来说是与生俱来的，但是，要使热情不减退地被保持下去，却不容易。因为热情是脆弱的，很容易被诸如不理想的考试分数、他人的嘲笑等因素挫伤，甚至被摧毁。因此，家长要十分注意保护孩子的热情。

心理学家认为，孩子从小无意识地受到家长态度的影响而形成的性格，儿时一般不易被发现，进入青春期之后，这些影响才开始明显地显露出来，并且在以后都难以改变。

2. 充足的自信

孩子：妈妈，我这次运动会上一定能取得好名次。

妈妈：其实名次并不重要，重在参与。

孩子：这段时间我要加紧练习体能，一定能行的。

妈妈：妈妈相信你！

　　家长的信任与引导能够为孩子加油鼓劲儿，帮助孩子树立起自信，可以让孩子有更明确的自我认知。

一个人只有相信自己有能力迎接各项挑战，他才有可能成功。要做到这一点，家长首先要尽可能早地发现孩子的天资和才能，有意识地去引导他，鼓励他树立获得成功的信心。

3. 热切的同情心

大多数孩子对人或者动物所遭受的痛苦都是很敏感的。家长经常关心他人、爱护动物，自然会在孩子幼小的心灵中播下关爱的种子。

4. 较强的适应能力

适应能力强的孩子，往往较为外向和坚强。怎样培养孩子的适应能力呢？最好的方法是尽早增强孩子的心理承受能力。家长要尽可能地让孩子自己去克服心理问题，比如面对新的环境，孩子往往会害怕，家长要让孩子尽量自己冷静下来，克服这种害怕的心理。只有孩子的心理承受能力增强了，当他步入社会时才能避免由于过分幼稚和脆弱而经不起来自社会的各种打击。

5. 满怀希望

这种特性能使人在黑暗中看到光明，敢于迎接挑战。要想使孩子对生活充满希望，家长本身就应该是乐观主义者。经常教育孩子"失败乃成功之母"，这样，当困难真的到来时，孩子就不会畏缩不前，而会挺起脊梁去战胜困难。

· 怎样能够让孩子形成好的性格

1. 以身作则，以自己的好性格影响孩子

家长常常是孩子的偶像，他们的一举一动都会成为孩子模仿的对象。生活中我们常常会发现，家长和自己家的孩子在举手投足、

一颦一笑之间都有着惊人的相似之处。这说明后天环境对孩子性格的形成起了巨大作用。

2. 注重为孩子营造良好的家庭环境

所谓"近朱者赤，近墨者黑"，环境对性格形成的作用也是不容忽视的，因此家长还应努力为孩子营造一个良好的成长环境。

孟母为了让儿子有一个良好的学习、生活环境，不惜三次搬家。这就是"孟母三迁"的故事。孟子最终没有让母亲的苦心付诸东流，终于成为中国历史上伟大的思想家。现代人大多由于客观条件的限制，不可能像孟母那样因对周围环境的不满意而频繁搬家，但家长至少可以为孩子营造一个良好的家庭环境。

3. 培养孩子性格品质要从小抓起

孩子性格的形成与早期生活习惯有着密切的关系，这一点尚未引起人们足够的注意。常听到有的家长抱怨孩子天性胆小、娇气。殊不知，正是他们自己错误的育儿方式造成了孩子的这种毛病。培养孩子性格品质要从小抓起，从建立良好的生活习惯着手，如饮食、睡眠、自理能力训练等。

4. 鼓励孩子多与他人交往

常与他人交往的孩子在处理人际关系方面有很强的能力，在外人面前显得落落大方；相反，与外人接触较少的孩子多会形成文静内向的性格，羞于与人交往。因此家长还应该注意为孩子创造一个良好的家庭环境，让孩子学会与他人交往。

给爸爸妈妈的留言

亲爱的爸爸妈妈：

　　上次演讲比赛我获奖之后，老师夸奖了我，说我乐观、开朗、自信。我想我的好性格源于你们的影响，因为你们就是这样的人啊。

每一个孩子
都是独一无二的天使

　　孩子之间存在很大的差异，每个孩子的个性都是不同的，并没有绝对意义上的好与坏之分。每一个孩子都是独一无二的天使，教育的目的就是要开发每个孩子的差异性、独立性和创造性。家长只有了解了孩子的特点，才能更好地教育孩子，帮助孩子在成长道路上少走弯路。

· 忽略孩子的特征会阻碍孩子发展

　　雷双是个聪明的孩子，成绩很好，尤其是英语，在班里她的英语成绩一直是第一名，她还曾获得市里英语单科竞赛的冠军。当然，雷双也有弱项，就是数学。无论她多么努力，数学总是学不好。

　　雷双的爸爸没有适时地帮助孩子寻找合适的学习方法，反而总拿她的数学成绩和班里数学成绩最好的孩子相比，经常批评雷双逻辑思维能力差。雷双本来还想多做些数学题弥补一下自己的不足，提高数学成绩，但听到爸爸多次批评自己之后，她逐渐从心里承认自己笨，并对数学彻底丧失了兴趣。

　　文中雷双的爸爸对孩子的长处和短处缺乏深入的了解。他希望孩子能够全面发展，科科都取得好成绩，希望孩子在今后的激烈竞争中取胜，但结果却事与愿违。原因便是雷双的爸爸没有用心了解孩子的个性特点，没有对孩子因材施教。

"夫子教人，各因其材"，这是宋代理学家朱熹总结的孔子教育学生的方法。因材施教就是针对孩子的具体情况以及个性差异进行不同的教育，从而使孩子获得更好的发展。

· 家长怎样做到因材施教

传统的教育很大程度上是一种单一、机械的模式化教育，面对兴趣爱好、知识基础、认知结构、能力水平千差万别的孩子，往往采取的是同样的教育方式。实践证明，这种教育方式是不正确的。家长要考虑到孩子的实际情况，根据孩子的身心发展特点以及接受水平来选择适合孩子的教育方法，帮助孩子提高学习成绩。

1. 深入了解孩子的心理

家长首先要深入了解孩子的心理，根据孩子的心理特点找准切入点来引导孩子。如孩子喜欢追星，就可以给他讲明星是如何成功的，以此激发孩子的进取心；孩子个性强，自制力也强，则可以让孩子自己制定规则，孩子受到尊重，就会自觉遵守规定；而对于自制力较差的孩子，家长可以采取奖惩的方式给予适度的监督，促进孩子养成良好的习惯。

· 情景再现 ·

孩子：妈妈，我为什么不能像谷爱凌一样优秀呢？

妈妈：你只需要做好你自己。你也有优秀的地方呀，比如跳舞跳得很好。

孩子：那我一定要更加努力，做得更好。

妈妈：嗯，要努力做最优秀的自己。

> 每个孩子都有自己的长处，家长要引导孩子认识自己的特点，发挥自己的长处，树立自信。

2. 不生搬硬套别人的教子模式

孩子和孩子之间是有差别的，每个孩子都有自己的长处和短处，接受能力也有差异，家长要摸索出适合自己孩子的教育方式，不能照搬别人的教子模式。

王敏成绩一般，她的妈妈最初比较注意监督孩子的学习，后来听了很多家长的教子经验，说不用管孩子，孩子的成绩也会很好，还说孩子如果天生是学习的料，大人根本不用费心管教等。

于是，王敏的妈妈对她的学习开始放手了，不久，王敏的成绩下降不少。王敏的妈妈这才认识到这种教育方法在自己孩子身上不适用。为了提高孩子的成绩，她一有空就陪着王敏学习，帮助她解决学习中遇到的问题，一段时间后，王敏的成绩又提升上来了。

家长只有根据孩子自身的特点和实际情况，采取恰当的教育方式，才会使孩子不断进步。如果盲目听信别人的教育经验，生搬硬套别人的教育方式，往往达不到理想的教育效果。

3. 对孩子进行个性化教育

家长要从孩子的实际情况、个性差异出发，有的放矢地对孩子进行个性化教育，使孩子能够扬长避短，获得最佳的发展。孩子的个性不同，家长的教育方法也应有所不同。

兴超是个调皮的孩子，虽然学习成绩一直不错，可是在老师眼里，他却是个让人头疼的孩子，因为他总是不好好做家庭作业。老师将情况反映给了他的爸爸。

爸爸和蔼地问兴超为什么不好好做家庭作业，兴超说："老师让做的题目我都会做，一遍遍地重复让我对它们一点儿兴趣都没有了。"爸爸了解了孩子的实际情况后，向老师征求意见：是不是可以不让兴超做家庭作业，因为重复做一件事会让他失去兴趣，自己会在家里找一些具有挑战性的习题让他做，让他提升解题的能力。老师接受了爸爸的建议。

对数学感兴趣的孩子，家长要鼓励他挑战高难度的题目；对舞蹈感兴趣的孩子，家长要支持他参加舞蹈培训。

总之，孩子的成长方式应该是符合自身特点的、与众不同的，这样孩子的成长过程才会更快乐。

给爸爸妈妈的留言

亲爱的爸爸妈妈：

今天我在一本书中看到一句话——每一个孩子都是独一无二的天使。我觉得这句话很有道理。虽然我们每一个孩子都不相同，但是所有的孩子都是天使，不是吗？

让孩子拥有
一颗感恩之心

中国自古以来就有滴水之恩当涌泉相报的古训。感恩是每个人都应该具备的优良品德，也是一个人的良好修养，同时还是人之常情。对孩子进行感恩教育，让孩子懂得感恩，会让孩子拥有更加健康的心态。当孩子渐渐长大，他在遇到困难和挫折时就不会怨天尤人，而是怀有一颗感恩之心，更加有信心地去面对生活的挑战。

· 要让孩子懂得感恩

感恩是一种美好的情感。没有一颗懂得感恩的心，孩子永远不能真正懂得孝敬家长，理解帮助他的人，更不会主动地帮助别人。凡事习惯于感恩，孩子会拥有平和的心态和健康的心理；习惯于感恩，孩子遇到种种困难时，就能勇敢地面对，豁达地处理。

邓女士的儿子郑洋已经上小学四年级了，郑洋长得比同龄孩子高出半个头，加上他大大咧咧的性格，活脱脱一个"小霸王"的形象。但奇怪的是，在老师、家长、邻居眼中，郑洋都是一个特别懂事的孩子。说起郑洋对长辈的关心和体贴，邓女士的同事们都羡慕不已，大家纷纷向邓女士取经。

邓女士笑着说："其实也没什么，重要的是要让他有感恩的意识，咱们做家长的不能对孩子一味地付出，不要让孩子觉得你无休无止的付出和他无休无止的索取都是理所当然的。现在孩子还小，等他带着这种意识长大成人后，就有咱们好看的了。"

确实，对于他们工作中的辛苦，邓女士和丈夫都有意识地让郑洋看到，在自己劳累的情况下，郑洋能干的事情就尽量让他代劳。同时，工资收入等情况也都让郑洋了解，让他知道他买东西花的钱不是从天上掉下来的。平常看电视看到相关话题的节目，邓女士与丈夫也会不失时机地向郑洋传达懂得感恩的观念。邓女士很欣慰自己的努力没有白费。

像郑洋的家长那样有意识地去教育孩子，这就是感恩教育。如果家长只知道奉献，而不知道把自己的劳动与付出呈现给孩子，孩子也就很难感受到家长对他的爱。让孩子学会感恩，就是教他懂得

尊重他人，对他人的帮助时时怀有感激之心，这样会让孩子今后的生活更加美好。

· 怎样让孩子拥有一颗感恩之心

学会感恩，用行动感恩，这是孩子在成长过程中的必修课。在接受别人的帮助或者馈赠时，让孩子由衷地说一声"谢谢"，这不仅是礼貌问题，也能使孩子形成正确的人生观和价值观，让孩子懂得怎样与他人相处，怎样服务于社会。

著名心理学家，曾任耶鲁大学校长的彼得·沙洛维在一次演讲中说，感恩能够促使我们反思作为主体担当者的局限性。我们只有意识到没有人能够不依靠他人活着，才能学会换位思考，体谅他人。同时，一个懂得感恩的人，会更受周围人的欢迎，拥有更好的人际关系；一个懂得感恩的人，自身也更容易获得快乐，幸福指数更高。作为家长，只有重视对孩子的感恩教育，才会使孩子常怀感恩之心。具体可以尝试从以下几方面去做。

1. 让孩子知道人人都是平等的

家长在待人接物方面要做到公平、公正，使孩子感受到家长的优良品德，逐渐使孩子懂得尊重他人的劳动、人格，进而感恩家长，感恩社会，感恩祖国。家长还要让孩子感觉到家里人人都是平等的，孩子与家长都没有什么特殊性、优越性。

孩子：妈妈，我饿了，什么时候开饭？

妈妈：爸爸很快就到家了，我们等一会儿他。

孩子：可是我上了一天学，肚子已经饿得咕咕叫了。

妈妈：爸爸辛苦工作一天，肚子肯定也饿了，我们一家人在一起
共进晚餐，多幸福啊。

　　家长不要一味迎合孩子，而是要培养孩子的感恩之心。
懂得体谅他人，懂得感恩的孩子的人生会更具幸福感。

2. 让孩子学会自理

要让孩子学会自己做一些力所能及的事，体会劳动的辛苦，他才能更加珍惜他人的劳动成果。

3. 让孩子学会理解他人

感恩之心产生于理解，一个不能正确理解他人善意的人是不会有感恩之心的。

4. 不能对孩子百依百顺

一些家长对孩子的要求百依百顺，特别是在物质上不断满足，结果这种过分的宠爱、无休止的满足，渐渐使孩子养成了自私自利、任意妄为的个性，并自负地认为自己无所不能。因此，培养孩子感恩的品质，就不能对孩子百依百顺，要让他知道自己现有的一切都是家长的劳动得来的。

5. 多用"谢谢"这个词

在生活中使用频率最高的词应该是"谢谢",家长应该让孩子感谢身边值得感谢的一切,即使是对请别人为自己递张纸这么简单的事,也要学会感恩。"谢谢"这个词每位家长和孩子都应该学着去多说。

6. 学会分享和给予

常言道:送人玫瑰,手留余香。要让孩子学会分享和给予。要让孩子深刻懂得,给予越多,人生就越丰富;奉献越多,生命才越有意义。

有位十一岁的盲女在妈妈生日那天送给了妈妈一份礼物——她一点一点地扎上盲文的生日贺卡。她的妈妈看不懂,就请人翻译,结果妈妈知道孩子在贺卡上写的内容后感动得泪流满面。贺卡上是这样写的:"亲爱的妈妈,谢谢您把我养大!虽然我看不见您,但我永远爱您,感谢您——妈妈!"妈妈捧着贺卡哭了。她感觉到自己为女儿付出的一切都是非常值得的。

因为爱孩子,家长便不求回报地付出,无论多么艰辛,也要努力为孩子创造最好的生活。但家长不应忽略的是,一味地付出并不可取。教会孩子感恩,就要让孩子从感恩家长开始。

法国有个七八岁的聋哑女孩。有一天,她自己背着书包去上学,公共汽车上人比较多,她上车时差点摔倒。这一幕被一位男士看到了,他急忙上前扶了她一把。女孩上了车,刚站稳就向这位男士打起了手势，帮助她的男士并不明白是什么意思。过了一会儿，这位男士要下车了，女孩连忙跑了过去，塞给他一张小字条。男士打开一看，只见上面歪歪扭扭地写着一行字：谢谢，谢谢叔叔！

上文的两个小女孩儿之所以懂得感恩，应该与他们家长的言传身教有很大的关系。在日常生活中，家长要经常把"谢谢"这个词挂在嘴边，而且要教自己的孩子学会感谢别人的帮助，即便只是一个非常小的帮助。这样，孩子耳濡目染，自然就养成了感恩的习惯。

家长对孩子的爱，应该体现为让孩子更懂得爱，更能感受到爱。教会孩子感恩吧，这会让他收获一个充满爱的美好人生。

给爸爸妈妈的留言

亲爱的爸爸妈妈：

看到你们整天辛苦地工作，回家还要做饭，做家务，辅导我写作业，周末还要去照顾爷爷奶奶，真的很累，真想对你们说一声："谢谢爸爸妈妈的付出！"

孩子的智慧
在手指上

著名教育家玛利亚·蒙台梭利指出：自由就是动作，动作是生活的基础，动作练习具有发展智力的作用。孩子的智慧在手指上，换句话说就是，要开发孩子的智力，最简单高效的方法就是让孩子多使用自己的双手。

世界上有许多奇思妙想都是通过手变成现实的：劳动的手创造了世界，也造就了人类。所以说，培养孩子从小动手操作的好习惯非常重要。实践证明，许多成功人士所取得的成果都是通过无数次动手操作才取得的。

诺贝尔是世界杰出的科学家、发明家和企业家，17岁时他赴外国学习和参观，学习机械、化学等知识，回到瑞典后从事硝化甘油的研究工作。之后他一直从事炸药的研究、生产、销售工作，同时也涉及其他的科学领域。

在诺贝尔的一生中，他的父亲对他的影响最大。他的父亲是一个发明狂。在父亲的影响下，诺贝尔对火药产生了浓厚的兴趣。

有一次，父亲带诺贝尔去参观自己的火药工厂。诺贝尔接触到了许多使他感到新奇的事物。此后，诺贝尔就更加勤奋地阅读各种书籍，尤其是有关科学研究的基本原则，有关机械、物理、化学方面的

书，好让自己快一点儿明白父亲所说的那些陌生又有趣的东西。

诺贝尔在父亲的书架上，找出化学读本，翻看制造火药的方法。当他发现火药就是用硝石（天然产硝酸钾的俗称）、木炭和硫黄混合制成的时候，兴奋不已，并准备亲自尝试火药的威力。

备齐了原料后，他便在药品库中找到装硝酸钾的瓶子，并把里面的白色粉末倒在小袋子中，拿回家后立刻关起房门开始做实验。经过一次次改进，他终于找出了一种最佳的混合比例，使火药的威力显著增强。在实验中他不断总结经验，还发现了一个有关炸药的基本原理：把火药包扎得越紧，爆炸的强度就越大。

就这样，诺贝尔从游戏中，从不断的实践中完成了一次次突破，为他以后从事炸药事业跨出了重要的一步。这一步来自他对自然的好奇，来自他对书本的钻研，来自他对危险的无畏，最重要的是来自他反复的实践操作。

可以说，是手为创造力提供了一套有思想的工具。培养孩子善于操作的好习惯，是为了使孩子的身心发展更协调，这也是家庭教育的关键和指南。

　　家长培养孩子从小动手操作的好习惯，相当于给孩子种下了一颗长青果。至于如何培养孩子从小动手操作的好习惯，我们建议家长从以下几点入手。

· 让兴趣引导孩子勤动手

　　孩子对身边的一切新鲜事物都有着很强的好奇心，这是由人的本性决定的。孩子会认为帮助家长是一件很光荣的事，家长应趁此机会让孩子勤动手，并引导其形成勤动手的习惯。孩子常常会摆出小大人的样子，说出"我自己来，我会""妈妈放手，我能"等言语，在这种情况下，家长应该放手让孩子自己做。在生活中，家长可以用一些废弃物品与孩子共同动手制作工艺品，比如用蛋壳制作人头像或用泡沫雕刻一些形状简单的东西。这样一方面能让孩子从小认识到动手的乐趣，并让其懂得生活中有很多废弃物是可以被利用开发、变废为宝

的；另一方面更重要的是，成就感可以增强孩子动手的兴趣。家长平时可以多买一些手工制作方面的书籍，让孩子从中展开制作的想象力，逐步培养孩子动手制作的兴趣。多让孩子做一些动手的游戏，如折纸、剪纸、粘贴、组装玩具等，多为孩子提供动手的机会。

· 鼓励动手，增强孩子的信心

称赞是鼓励孩子、增强孩子信心再合适不过的一种激励方式。当孩子做出一些小成绩的时候，你不要忘记告诉孩子，他是多么优秀；当孩子帮你做了某一件小事情的时候，切不可忘记告诉孩子，你是多么感激他对你的帮助。这种真诚的感谢会令孩子更积极、更认真、更负责地做一个爱动手的好孩子。不要让孩子失去动手的机会。有时孩子可能做不好，此时家长要用赞赏的表情或激励的话语，让孩子鼓起勇气重新做。

· 情景再现 ·

孩子：妈妈，学校让我们交小发明，我交什么呀？

妈妈：这要你自己开动脑筋想啊。

孩子：妈妈，不如你上网给我买一个做好的吧？

妈妈：那怎么行？你要自己动脑动手，咱们一起想想做什么。

动手能力的培养也是动脑能力的培养，对此家长千万不能忽视。

· 手脑结合，开发孩子的智力

动手是对大脑发育最好的刺激。三岁前家长应该教孩子穿衣服、扣扣子、拿筷子等技能，因为动手的同时可将新的刺激源源不断地输入大脑。脑的使用频率越频繁，其成熟度就会越高。脑越用越灵，手越用越巧。因此，随着年龄的增长，家长应该安排孩子做一些必要的家务活。例如，自己叠被、扫地、擦桌子、洗碗、购买小件物品等。家长应当要求孩子主动来做这些事情，这对孩子能力和责任心的培养作用不可小视。家长可以和孩子一起做一些简单的小实验，在动手的过程中开发孩子的智力，让孩子体验成功的快乐，使孩子逐渐地由被动响应向主动实践转换，让孩子养成手脑并用的好习惯。

给爸爸妈妈的留言

亲爱的爸爸妈妈：

今天我的小发明获得了全班同学的认可，我太高兴了，多亏了你们对我动手能力的培养。

培养孩子的
参与意识

　　孩子常常看见大人做什么，就吵着也要做什么。这既是孩子有参与意识的表现，也是孩子开始出现独立意识的表现。这时，家长应尽力协助，给予孩子自由发挥的机会。虽然孩子很可能还做不好事情，但这与培养孩子的参与意识相比就显得不太重要了。

· 参与比做好更重要

　　孩子有参与意识是好事。孩子看见大人骑自行车，就会叫喊着要骑自行车。虽然他的脚还踩不着踏板，却总是跃跃欲试。孩子看见大人洗衣服，有时也会叫喊着要洗衣服。如前所述，这既是孩子有参与意识的表现，也是孩子开始出现独立意识的表现，他希望像大人一样做事。

　　因此，如果孩子提出这样的要求，家长不要随便给他泼冷水。孩子如果有了参与意识，有自己尝试的意愿，家长就应该尽力协助，给予孩子自由发挥的机会。这对孩子的成长非

常重要。孩子如果成功了，父母要加以鼓励。如果没做好，也不应责备，更不应该从此以后就不让孩子再做事情，因为做任何事情都有一个学习的过程。

当孩子要求做某种尝试时，即使我们知道会有许多困难，或者不会成功，也应该给孩子一个尝试的机会，让他去考验自己的才能。有时孩子可能会想出父母想不到的办法，产生超乎寻常的构思。如果事先就以肯定会失败为由而不许孩子尝试，那么孩子内心潜伏的无限可能性就无法得到发挥。这种害怕失败的心理状态，会使孩子不敢轻易尝试新的事物，使孩子养成保持缄默、做事被动的不良习惯。

· 情景再现 ·

孩子：妈妈，暑假我们去哪里旅游啊？

妈妈：这事儿不用你操心，我和爸爸都会安排好。

孩子：我们去海南怎么样？

妈妈：都告诉你这件事不需要你操心了，你管好自己的学习就行了。

　　家长剥夺了孩子的参与权，让孩子失去了参与感，不仅会让孩子觉得索然无味，还让孩子失去了锻炼的机会。

事实上，任何人走向成功通常都要经历无数次的探索与失败。任何人在做一件事情的时候，都有一个学习与实践的过程，而且开始通常都是做不好的。通过不断的实践，才由做不好变成做得好。失败是成功之母说的就是这个道理。不过这个道理说起来简单，做起来却并不容易。有些家长看见孩子没有把事情做好，就干脆自己代劳。他们的说法是：我自己动手省事得多。这种做法对培养孩子是极为不利的。

儿童心理学专家做过一项测试：家长在超市购物的时候，让孩子与家长选购物品。一般来说，孩子都会与家长合作，很少出现不听话或使性子的举动。购物的时候，家长可以引导孩子，让他做一些选择，比如问孩子："我们今天是买梨，还是买橘子？"并且要经常鼓励孩子，比如对孩子说："宝宝帮妈妈找到麦片了，真能干。"家长只要这样自始至终鼓励孩子参与，会比等到孩子捣乱的时候再想法制服他更有效。

在此过程中，家长的态度一定要温和，目的要明确。家长要求

孩子参与的时候，态度要温和，不要使用犹豫、不耐烦及粗暴的口吻。也就是说，要让孩子明白家长到底要他做什么。比如家长要带孩子出门，不能说"快，走了"这样很笼统的话。而应该蹲下去，正眼看着孩子，很和气地说："把外衣穿好，帽子戴好，我们要出去了。"孩子如果按照要求做了，家长就应该抓住这个机会表扬孩子，强化孩子的这种行为意识。

· 怎样培养孩子的参与意识

具体地说，家长可以采用以下几种方法培养孩子的参与意识。

1. 给孩子选择的权利

要让孩子参与，就要给孩子相应的权利。有的家长错误地认为，孩子如果有了选择的权利，就会产生占了上风的感觉。因此，常常只让孩子在"是"或"否"之间进行选择。其实这样会限制孩子的思考范围。但刚开始的时候应提倡孩子在两样东西之间进行选择，以免把选择范围弄得太大，使孩子无法进行有效的选择。如果孩子选择了家长所提供的范围以外的东西，家长可以这样教导孩子："这个选择不错，但它不在我们选择的范围之内。"让孩子产生他的选择不符合游戏规则的感觉。

2. 让孩子感到同家长一起做事有趣

孩子之所以愿意与家长一起做事，很大程度上取决于有没有趣。比如，孩子刷牙的时候，家长给他念一首刷牙的儿歌，让他跟着儿歌中的步骤刷牙，孩子就会感到很有趣。如果孩子拒绝穿衣服，家长可以对她说："听，小裙子说话了：'我是你的小裙子，快点儿快点儿把你的头伸进来。'"家长大概会觉得这样做有点儿可笑，但孩子却是很喜欢的。

3. 向孩子强调合作的益处

家长要让孩子知道，跟大人合作也是为了他自己好。如果孩子明白了这一点，就会产生很高的积极性。一般情况下，两三岁的孩子已经懂得一些道理了，家长用孩子能够接受的语言跟他解释做某件事对他的益处，孩子是可以接受的。比如对孩子说："你和我一起把桌子收拾干净就可以画画了。"即使孩子在参与过程中有所失误，家长也不要灰心，要让他敢于接受失败，再积极进行下一次的参与。

给爸爸妈妈的留言

亲爱的爸爸妈妈：

我真的很想去海南旅游，可是你们不由分说就把我带去了云南。一路上都听你们安排，我就像一个牵线木偶，一点儿都不开心。

家长小课堂

什么是感恩教育?

感恩教育是教育者运用一定的教育方法与手段，通过一定的感恩教育内容对受教育者实施的识恩、知恩、感恩、报恩和施恩的人文教育。会感恩，对于孩子来说尤其重要。

怎样纠正孩子的坏习惯?

1. 不要事必躬亲。在孩子成长的过程中，很多事情要鼓励孩子自己去做，家长不要代劳，不要让孩子凡事都依赖家长。

2. 保持冷静。一旦孩子有一些不良的学习习惯或生活习惯，家长不要着急，更不要不分青红皂白地对孩子横加指责，而是应冷静并积极引导孩子。

3. 确立家庭规矩。一些家庭规矩应尽早为孩子订立，比如不能随心所欲地吃糖果，不能看一整天电视。要将家庭规矩清楚、正式地告诉孩子。如果可能，可以将其写下来并在家中公布，贴在房间醒目处。

第六章

终身成长，
让孩子拥有大格局

人生目标
是孩子前行的灯塔

　　一个宏伟的人生目标，能够激励孩子积极进取，追求成功。人生目标是孩子奋进的灯塔，它能指引孩子实现自己的梦想。人生目标决定了孩子一生的成长方向，家长要根据孩子的兴趣、特长来引导孩子慎重选择。人生目标一定要远大、宏伟，一旦树立就不要轻易变更。孩子越早明确人生目标，就越容易收获成功。

· 引导孩子确立远大的人生目标

　　陈欣怡小时候兴趣非常广泛，一会儿想学唱歌，说长大要当歌

唱家；一会儿又想去学跳舞，说以后当舞蹈家；看见画画有趣，又想去学画画，让父母很是操心。几年下来，陈欣怡在几个兴趣班上的表现都平平无奇。陈欣怡的父母意识到漫无目的的学习只会浪费时间，觉得该增强孩子学习的目的性和积极性。

他们首先让陈欣怡分析自己最喜欢做什么，最想在哪方面做出成绩。这时的陈欣怡才发现，自己原来并不想把唱歌、跳舞和画画作为人生目标，而更想当一名救死扶伤的好医生。为了让陈欣怡不再随便更改自己的人生目标，爸爸将她的人生目标写下来贴在了她的卧室里。

从此以后，当医生成了陈欣怡的人生目标。陈欣怡减少了去兴趣班的时间，把更多的时间投入到学习上，使学习成绩不断提高。她正在为实现自己的梦想而努力。

孩子能够确定自己的人生目标，便会获得更大的进取动力，收获更多的快乐。

· 帮助孩子实现人生目标

孩子在实现人生目标的过程中，需要获得家长的鼓励和支持。家长要做好监督工作，督促孩子完成短期目标，陪孩子一步步实现自己的人生目标。孩子完成了短期目标，能够获得成就感，体会到为人生目标而努力的愉悦。

孩子：我长大了想当一名科学家。

妈妈：研究什么的科学家?

孩子：专门研究治疗流行病药物的科学家。

妈妈：这真是一个伟大的理想，不过你要从现在就开始努力哦。

孩子树立远大目标的过程中，既离不开家长的引导，也离不开家长的鼓励。

宏伟的人生目标能够鼓励孩子在逆境中前进，有效地规划人生，不把有限的时间浪费在迷茫中。在帮助孩子树立长远的人生目标时，家长可参考以下建议。

1. 引导孩子将兴趣、特长转化为人生目标

孩子的人生目标必须建立在兴趣之上，这样孩子才愿意终身为之奋斗、付出。家长在引导孩子设立人生目标时，先要发掘出孩子的兴趣及特长。孩子在自己感兴趣的领域中努力，才能享受到快乐和成就感。

孩子的人生目标要符合孩子的愿望，而不是符合家长的愿望，否则孩子很难坚定地去实现人生目标。家长在引导孩子设立人生目标时，除了发掘孩子的特长外，还应征询孩子的意见。

2. 维护孩子对实现人生目标的热情

持续的兴趣，是孩子选择坚持下去的理由。维护好孩子对实现人生目标的热情，才能让孩子愉快地走下去。

陈忆从小对色彩很敏感，他喜欢用绚丽的色彩画画。画册是他最喜欢的读物，用彩笔涂涂画画是他最大的乐趣。爸爸在他四岁时就带他去看画展。回来后他很受启发，坚持要学国画，爸爸让他参加了画画的基础培训。

十岁那年，陈忆拜一位国画家为师。此后，只要有名家画展，他都会去观摩，老师还常带他去拜访自己的画家朋友。在浓郁的书画学习氛围中，陈忆对书画艺术的热爱越来越强烈。久而久之，成为一名国画家也就成了陈忆的人生目标。

孩子对人生目标抱有持久的热情，才会义无反顾地坚持走下去。维护孩子实现人生目标的热情的手段和方法是多种多样的，只要对增进孩子的兴趣有利，家长都可以去实践。

3. 将人生目标阶段化、细节化

任何长远目标的实现，都离不开近期、中期、长期目标的支撑。家长要帮孩子把目标阶段化、细节化，使孩子的整个人生目标更具有实际操作性。

刚上初中的刘濂给自己定下的人生目标是当外交官。实现这个目标有一个艰难的过程，他要一步一步地攻克语言难关，学好并精通英语、法语、德语。

在爸爸的建议下，刘濂决定先攻英语，他计划在初高中六年学完所有常用词汇，能够阅读报纸、杂志，大学阶段再开始选修法语、德语。刘濂将每天需要学习的词汇和句型都进行量化，制订好每天的学习计划，他要做的就是按计划坚持不懈地执行。

三年来，他每天都坚持完成学习计划，英语水平一天天提高。初中毕业时，他就能读懂外文书报，听懂英文广播了。他对实现梦想很有信心，已经详细规划好了高中三年的学习计划。

要想实现长远的人生目标，就要同时规划好中长期及近期目标。目标越详细，可操作性越强，实现的概率也就越大。

在引导孩子树立人生目标时，家长需要转变自己的教育观念。对于孩子不能只关心成绩排名，不关心个人发展；不能只关心听不听话，不关心价值观形成。

首先，家长要以身作则，家长的一言一行，都会潜移默化地对孩子造成影响。家长对孩子最好的教育就是不停地提高自己，做孩子的好榜样。

其次，家长要重视培养孩子的兴趣特长。一般情况下，多数孩子并不能明显地表现出自己的兴趣爱好，家长应该细心观察，认真分析，帮助孩子挖掘自身的兴趣特长，并将其转化为人生目标。

最后，家长应该给孩子充足的自主选择机会和独立空间，不应过多地干涉孩子，要让孩子自己处在观察者的角度，引导孩子多进行自我探索，允许孩子走弯路，鼓励孩子勇于承担责任。

在家长正确的引导和督促下，相信孩子会向着自己的人生目标不断迈进。

给爸爸妈妈的留言

亲爱的爸爸妈妈：

我长大后特别想成为一名护士，一个像南丁格尔一样的人，给需要帮助的病人带去温暖。可是你们总是让我说我的理想是成为一名钢琴家，我真的特别讨厌钢琴。

在挑战自我中
超越自我

挑战自我，意味着孩子要勇于超越，敢于打破自己体能和意志上的极限，努力向更快、更高、更强的目标迈进。敢于挑战自我是推动人类文明发展的重要动力，而并不是异想天开。无数事实证明，孩子的潜能是超乎想象的。家长想让孩子今后能够成就一番事业，就应当教会孩子勇于打破自己内心的界限，勇于挑战，做最强的自己。

· 让孩子在挑战自我中认识自我

读三年级的茜茜非常讨厌学习英语，她觉得自己总是记不住那些讨厌的单词，久而久之，茜茜的英语成绩下降得很厉害。妈妈看到茜茜的英语成绩单，问茜茜："茜茜，你觉得学英语哪里最难？"茜茜哭丧着脸说："妈妈，我觉得背单词最难，我总是记不住。""那背下来一个单元的单词，需要多久呢？"妈妈问道。茜茜仔细想了想，回答道："一个半小时。""好的，这次我们集中精力，好好背一次单词，现在我开始计时，看看你背完一个单元的英语单词究竟需要多长时间。"妈妈说道。

茜茜看了看妈妈手上的秒表，只好认真背起单词来。结果出乎妈妈的意料，甚至把茜茜自己也吓了一跳，因为茜茜默写出一个单元的单词，总共只用了十七分三十九秒。默写完后，茜茜的妈妈问："你

有没有信心学好英语？"茜茜愉快地答道："有！"接着，妈妈对茜茜说："只要勇于挑战，你的潜力是无限的，困难没有想象的大！"茜茜似乎在这次背单词的挑战中受到了莫大的鼓舞，从此以后渐渐喜欢上了学英语，英语成绩自然也就显著提高了。

　　茜茜的妈妈在茜茜遇到困难时，让茜茜用挑战自我的方法找到了自信，使茜茜能够鼓起勇气面对困难。如果家长能教会孩子挑战自我，无疑等于给了孩子智慧与胆量，给了孩子动力。孩子能够挑战自我，就能够不断提高自己，赢得内在的力量，从而推动人生走向成功。正如美国哲学家爱默生所说：我们最强的对手不一定是别人，而可能是自己。要让孩子的人生更有价值，就应该让他学会不断挑战自我。

· **有意识地培养孩子的挑战精神**

家长可以参考以下方法有意识地培养孩子的挑战精神。

1. 让孩子学会和自己竞赛

让孩子不断挑战自我，就要要求孩子把自己当作超越的目标，把自己当作竞争的对象，随时和自己较量。让孩子每天都问自己一个问题：今天的我比起昨天的我，是否进步了？当然，这里的"今天"和"昨天"只是一个相对的时间。其实这就是要求孩子每天进步一点点，即使进步不明显，只要孩子每天都有进步，那么累积起来总会有所飞跃。

· **情景再现** ·

妈妈：今天的你，比起昨天的你，有哪些进步？

孩子：今天我早到校十分钟，提前准备好了书本，还简单预习了一下。

妈妈：很好，明天要争取做得更好。

孩子：妈妈放心，我一定每天都超越自我，取得进步。

鼓励孩子超越自我，能够使孩子在遇到风浪时更具前进的动力与勇气。

2. 让孩子树立信心，努力践行誓言

让孩子自信地对自己说："我就不相信我不能改正缺点，别人能做到的，我也能做到，别人做不到的，我也要争取做到。"让孩子在心里对自己发誓：决定了的事就要努力去实现，而不能轻易改变决定，放弃目标。

3. 通过劳其筋骨来磨炼孩子的意志

一些家长平时和孩子的交流并不多，有空的时候应该和孩子一起参加体育锻炼，比如长跑、游泳、爬山等，这些都是锻炼孩子意志力的好办法。

在锻炼的过程中，当孩子想放弃时，家长要鼓励孩子坚持到底。当孩子做到了，家长要充分肯定孩子的表现。长期如此，孩子就能养成不放弃、勇于挑战自己的品质。

4. 别让孩子满足于现有的成绩，安于现状

对孩子来说，最可怕的就是安于现状，没有进取心，这样孩子就不可能努力寻求进步的空间，也就慢慢丧失了自我挑战的愿望。所以，家长要经常鼓励孩子在学习中、生活中争取更好的表现，不断树立更高的目标。这样孩子才能不断进步。

高尔基说过，人只有在不断的挑战中才能进步，而人最大的敌人就是自己。每个孩子都有无穷的潜能，让孩子不断挑战自己，就是让孩子不断进步。在这个过程中，家长要鼓励孩子坚强地面对考验。

给爸爸妈妈的留言

亲爱的爸爸妈妈：

今天我简直太开心了，因为今天我在体育课上跑800米时打破了自己的纪录。以后我一定会不断挑战自我，跑出更好的成绩！

挫折是孩子
成长的催化剂

在心理学上，有一个概念叫跨栏定律，是心理学家阿费烈德提出的，即一个孩子的成就大小往往取决于他所遇到的困难的程度，也就是竖在孩子面前的栏越高，孩子跳得也就越高。按照这个定律，如果孩子所遭遇的挫折越多，那么成长得也就越快。因此，挫折是孩子成长的催化剂。

· 在挫折面前永不言败

巴雷尼小时候因病成了残疾，母亲的心就像刀绞一样，但她还是强忍住自己的悲痛。她想，孩子现在最需要的是鼓励和帮助，而不是妈妈的眼泪。母亲来到巴雷尼的病床前，拉着他的手说："孩子，妈妈相信你是个有志气的人，你一定能够战胜挫折，希望你能用自己的双腿，在人生的道路上勇敢地走下去！你能够答应妈妈吗？"

母亲的话，像铁锤一样撞击着巴雷尼的心扉，他哇的一声扑到母亲怀里大哭起来。从那以后，母亲一有空就帮巴雷尼练习走路、做体操，常常累得满头大汗。有一次她得了重感冒，她想，做母亲的不仅要言传，还要身教。

尽管发着高烧，她还是下床按计划帮巴雷尼练习走路。黄豆般大的汗珠从她的脸上淌下来，她用干毛巾擦擦，咬紧牙，硬是帮巴雷尼完成了当天的锻炼计划。

体育锻炼弥补了残疾给巴雷尼带来的不便。母亲的榜样力量更是深深打动了巴雷尼，他终于经受住了命运给他的严酷打击。他刻苦学习，成绩一直在班上名列前茅，最后以优异的成绩考进了维也纳大学医学院。大学毕业后，巴雷尼以全部精力致力于耳科神经学的研究。最后，他登上了诺贝尔生理学或医学奖的领奖台。

在妈妈的鼓励下，巴雷尼不仅坚强地战胜了困难，还取得了举世瞩目的成就。其实，孩子经历的挫折越多，成长得越快。美国著名职业教育专家霍兰德说过，在最黑的土地上生长着最娇艳的花朵，那些最伟岸挺拔的树木总是在最陡峭的岩石中扎根，昂首向天。确实，苦难是每个孩子生命中的茧，冲破它即可化成美丽的蝶。

· 引导孩子正确认识和面对挫折

心理学家指出，挫折感是指孩子为满足自己的某种需要，在追求达到特定目标的活动中，遇到了无法克服或自以为无法克服的障碍和干扰，使他的需要不能获得满足，从而产生的紧张状态和消极的情绪反应。

一般而言，容易受挫的孩子往往或多或少地表现出以下的一些特点：追求不切实际的目标；对追求目标过程中可能遇到的困难缺乏心理准备；能力不足，遇到困难不知如何应付；缺乏自信，把困难夸大成不可逾越的障碍等。

然而在我们的身边，孩子因为妈妈的几句指责就离家出走，因为同学之间的小小矛盾就郁郁寡欢，因为老师的批评就产生逆反心理，厌恶学习等，类似的现象屡见不鲜。

反思我们的教育，似乎家长急切地想给孩子自己没有的东西，却忘记了给他最基本的，也是最重要的挫折教育。结果孩子虽然学了很多知识，却经受不了一点儿挫折。比如现在的有些孩子会因为一次不成功的考试、一次失败的面试、一次老师的批评而轻易结束自己的生命，这对一个家庭来说是很难接受的结果。

孩子：妈妈，我实在受不了了，我要退学。

妈妈：为什么要退学？

孩子：老师讨厌我！

妈妈：为什么这么说？老师怎么讨厌你了？

孩子：今天老师批评了我，说我寒假作业做得太差了。

妈妈：这就要退学？老师批评你是为了让你改正错误，你改正了，
就是好学生。

在孩子面对挫折时，家长既不要打击，也不要娇惯，
而是要帮助孩子正确面对挫折，战胜挫折。

心理学家说，挫折如弹簧，你弱它就强。逆境充满荆棘，却也
蕴藏着成才成功的机遇。只要孩子勇敢面对，就一定能从布满荆棘
的路途中走出一条阳光大道。正如培根所说，奇迹多是在厄运中出
现的。因为每个孩子的心底都有一座潜能的宝库，它无时无刻不在
运动，一旦达到爆发的极限，它就将划破黑暗，照亮孩子的人生，
促使它爆发的是一颗永不衰竭的进取心和对幸福生活的向往。想成
为一名生活中的强者，孩子就要勇敢地向挫折宣战，像一名真正的
水手那样投入到生命的浪潮中去。

给爸爸妈妈的留言

亲爱的爸爸妈妈：

这次考试，我考出了有史以来最差的成绩，我真的伤心死了。不过我记得你们对我说过，要勇于面对挫折，我想，我能做的，只有继续努力、勇往直前了。

用坚持不懈
赢得精彩人生

　　巴尔扎克说过，没有伟大的意志力，就不可能有雄才大略。心理学家也指出，坚持到底是孩子成功的重要条件。如果失去了这个条件，即使孩子成人后才识渊博、技能熟练，也很难获得成功。

　　卡勒先生说过，许多青年人的失败，都应归咎于他们没有恒心。的确如此，大多数青年人虽然都具有才华，也都具备干一番大事的能力，但他们缺少恒心，缺乏耐力，因此只能做一些平庸安稳的工作，一旦遭遇困难、阻力，就立刻退缩下来，裹足不前。可见，不屈不挠、百折不回的精神是成功的基础。

·意志坚定的孩子距离成功最近

　　有一次上课时，苏格拉底布置了一道作业，让他的弟子们做一件事，每天把手甩一百下。一个星期后，他问有多少人还在坚持做，百分之九十的人都坚持做了。一个月后他又问了，而只有一半的人坚持做了。一年后他再问时就只剩一个人坚持下来了，这个人就是柏拉图。

　　心理学家指出，成功者的特征是：绝不因受到任何阻挠而颓丧，只知道盯住目标，勇往直前。世上绝没有一个做事半途而废的人能够成功，获得成功的前提就是坚持。

意志坚定的孩子距离成功最近。当然，意志坚定的孩子也会碰到困苦、挫折，但他绝不会一蹶不振。

只要能够坚持到底，一个平凡的孩子也会有成功的一天，否则即使是一个才识卓越的人，也只能接受失败的命运。

正是因为有了坚持到底的品质，人类才消除了各种障碍。因为有了坚持到底的品质，人类才登上了气候恶劣、云雾缭绕的山峰，才在宽阔无边的海洋上开辟了通道。坚持到底的品质让艺术家在大理石上刻下了精美的作品，在画布上留下了大自然恢宏的缩影；坚持到底的品质让人类创造了纺锤，发明了飞梭；坚持到底的品质使汽车变成了人类座下的战马，使人类可以在天南地北间往来穿梭；坚持到底的品质让人类对大自然的研究逐渐深入和细化，不断探索自然的法则；坚持到底的品质还让海洋的每一片水域都有了水手的身影，每一座荒岛都有了探险者的足迹。

· 情景再现 ·

孩子：妈妈，我再也不想踢足球了，踢足球太容易受伤了。

妈妈：那你不想成为足球明星了吗？

孩子：嗯，还是想。

妈妈：只有坚持不懈，才会离梦想越来越近。

坚持不懈并不容易做到，孩子需要家长持续不断地鼓励与支持。

· 鼓励孩子把一件事情坚持做下去

相传王献之在七八岁的时候开始学习书法，他的第一个老师是他的父亲王羲之。有一次，王羲之悄悄地走到正在专心致志练习书法的王献之背后，想要用手抽去他手中的毛笔，结果因为献之抓得太牢，王羲之没有拔掉。于是王羲之便称赞自己的儿子将来必成大器。

到了十来岁的时候，王献之认为他的书法已经写得很好了。于是他便跑去问父亲："我现在的水平只要再练三年就可以了吧？"而王羲之只是微微笑着并没有回答，在一旁的母亲摇着头说："还差远了。"王献之于是又问："那五年总可以了吧？"结果母亲仍旧摇了摇头。王献之终于急了，问究竟要多久才能练好字。他的父亲便走到窗前，指着院内的一排大缸说道："只要你把院子中的十八口大缸里面的水全部染黑，也许你的字就练好了。"

于是王献之开始夜以继日地练习书法，这一练就是五年。一天，他带着自己的得意之作来给父亲看，父亲没有回答，而是在他写的

"大"字下面加了一点，成了"太"字。王献之见父亲没有说话，闷闷不乐地带着作品给母亲看。母亲看了很久之后说道："我儿练了这么久的字，只有这一点像你的父亲。"王献之一看，母亲指的那一点竟然就是父亲刚才加上去的那一点。王献之顿时感到十分羞愧，于是更加勤奋地练习书法。经过坚持不懈的努力，他终于学有所成，成为一代书法大家。

从王献之练习书法的故事中我们不难得知，鼓励孩子把一件事情坚持做下去，这是培养孩子恒心的最好方法，是成功的必经之路。唯有坚持，才能有丰收的果实。

心理学家认为，孩子在克服困难的过程中形成的坚强意志、大无畏的勇气、坚定的信心以及在这一过程中汲取到的宝贵经验教训，都会为他日后取得更大的成功创造有利条件。所以，家长要重视培养孩子坚持不懈的品质。

给爸爸妈妈的留言

亲爱的爸爸妈妈：

今天早晨晨跑时，我的脚被磨出了一个泡。我本来不想继续跑了，可是我想到前几天爸爸说过："坚持就是胜利。"我便坚持跑完了，现在我感觉很自豪。

让责任心
助力孩子成长

托尔斯泰说过，一个人若没有热情，他将一事无成，而热情的基点正是责任心。责任是一种敢于承担、有所作为、勇于负责的精神。一个有责任感的人，面对责任，无论大小，他都不会推卸，因为他知道负责任是一种积极的人生态度。当孩子具有很强的责任感时，他的自我管理能力相对会更强，做事情的自觉性也会更高。

责任心并不是天生的，而是靠后天慢慢培养得来的，而青少年时期是培养责任心的关键时期。只有从小培养孩子的责任心，孩子才能在长大成人之后勇于担当重任。

·孩子的责任心应从小培养

小海是一名初三学生，一天晚上放学回家后，他兴高采烈地告诉

爸爸妈妈："老师让自荐做班干部，我想自荐做班长。"爸爸妈妈都非常支持小海。妈妈说："你觉得自己可以胜任吗？班长可没那么容易当。"小海很自信地说："那当然了。别人能做到，我肯定也能做到。"于是小海就很自信地自荐并且成功地当上了班长。刚开始，他管理班级很用心，表现得非常积极。不过随着学习任务的加重，小海觉得很多学习时间都被班级事务占用了，也就没有当初的热情了。

马上就要到元旦了，班级要举办文艺晚会。小海作为班长，协助文艺委员筹备晚会是分内的事情。文艺委员主要负责节目的安排，小海则负责场地的安排以及食物供应等琐事。快要考试了，小海看到别人都在紧张地复习，而自己却一点儿都没复习，也慢慢变得烦躁起来。

一天回到家后，小海不开心地对爸爸妈妈说："很多同学都说零食没有他们喜欢的，可那是我花了好长时间去采购的。那么辛苦地

干，却没有人体谅我，我真不想当班长了。"妈妈问小海："在你买之前，是不是没有问同学们喜欢什么？"小海说："这个没有。我按照自己的口味买了，我以为他们都喜欢呢。"妈妈说："是你的工作不够细致才会出现这样的问题。如果你买之前先问一下大家，看大家都喜欢吃什么，也就不会出现这种问题了。"

· 情景再现 ·

孩子：妈妈，我不想当班长了，简直是费力不讨好。

妈妈：是遇到什么困难了吗？

孩子：我为班级做了那么多，可同学们还是有许多不满意的地方，而且我的学习都耽误了。

妈妈：孩子，选择了就不要轻易放弃。班长就是要为大家付出，有责任心才能当好班长。

　　孩子的责任心需要从小培养，有责任心的孩子更容易把控自己的人生。

　　小海说："那多耽误时间。唉！坚决不当班长了。"妈妈立刻很严肃地说："你刚开始自荐的时候我就跟你说过，班长没那么容易当，花时间是必然的，现在你想不做就不做了，让同学和老师都失望，这是不负责任的表现。"小海听完就不说话了。妈妈接着说："你是个学生，当然首先要好好学习，如何协调时间就是你要思考的。这其实也是在锻炼你的能力。"听完妈妈的话，小海打算把这个班长好好干下去。

后来，经过老师的帮助和指导，小海的管理能力和交流能力得到了提高。同学和老师也都看到了小海的付出，那一年他被评为了"优秀学生"。

孩子的责任感应该从小就开始培养，等孩子长大了才要求孩子要有责任感，孩子只会很茫然，因为他早已经习惯让大人承担所有的责任，而自己并没形成责任意识。

· 如何培养孩子的责任心

责任感是每个人都该有的。想要自身得到发展，就要对自己负责；想要赢得别人的尊重和信任，就要对别人负责。那么，如何培养孩子的责任感呢？

1. 要求孩子做事有始有终

拥有坚强的意志力和持之以恒的态度才能更好地维持责任心，而许多孩子恰恰就缺少这份意志力和态度，做事常常是三分钟热度，只要碰到一点儿挫折就不想继续下去了。所以，为了培养孩子的责任心，家长平时要注意培养孩子做事负责，不半途而废的好习惯；不分大事小事，家长决不能允许孩子有始无终，要监督孩子将一件事情从头到尾认认真真地做完。

2. 让孩子自己承担责任

家长要让孩子对自己的言行负责。如果孩子犯了错，只要他能够承认，就要教育他自己勇敢地面对，对自己做的事负责任，而不要让家长去代替孩子负责。例如，孩子踢球时把别人家的玻璃打破了，家长就要带孩子去跟人家道歉。

3. 鼓励孩子参与集体活动

大部分家长认为孩子参加集体活动会耽误学习，所以并不鼓励孩子参加。实际上，参加集体活动的过程也是锻炼孩子能力的过程，比如孩子的组织能力、沟通协调能力以及策划能力等。另外，参加集体活动还可以极大地增强孩子的责任心。

4. 让孩子承担一定职责

有意识地交给孩子一些任务，锻炼孩子独立做事的能力。随着孩子年龄的增长，家长要逐步教孩子自己的事情自己做。做之前提出要求，鼓励孩子认真完成。如果孩子遇到困难，家长可给予指导，但是一定不要包办，要让孩子有机会把事情独立做完。

5. 增强孩子的家庭责任感

可适当地让孩子了解一些家长的忧虑和难处，提出一些问题，引导孩子独立思考和选择，大胆发表自己的见解。让孩子感到家庭的美满幸福要靠爸爸妈妈和自己一同参与，进而增强孩子对家庭的责任心。

责任心是孩子健全人格的基础，是能力发展的催化剂。责任心培养应遵循这样一个规律：从自己到他人，从家庭到学校，从小事到大事，从具体到抽象。

作为家庭中的一名成员，孩子也应承担一定的家庭责任，包括确立在家庭中的岗位，承担一定数量的家务劳动等。家长可通过鼓励、期望、奖惩等方式，督促孩子履行职责，培养孩子的责任心。如果一个孩子在家庭中的责任心难以确立，将来走上社会也难以确立在社会中的责任心。

对孩子责任心的培养应该从大处着眼，从小处着手。要让孩子在家庭岗位上感受责任的分量，倒一次垃圾，洗一块手帕都应给予孩子表扬和鼓励，失责时应给予孩子批评和惩罚。只有这样，才能让孩子走出自我中心，强化对他人和周围环境的责任心。

责任心的培养要通过孩子自身的实践体验。有的家长代孩子整理书包，帮助孩子检查作业，这是责任心的错位和越位。让孩子自己承担失责的后果，他才能树立承担责任的意识。

同时，家长还要注意做孩子的好榜样。家长自身对家庭、社会的责任心如何，对孩子来说是一面镜子，家长的责任心可以折射出孩子的责任心。一个对家庭、社会毫无责任感的家长，不可能培养出有责任心的孩子。

给爸爸妈妈的留言

亲爱的爸爸妈妈：

之前我总是认为自己还小，并不需要承担什么责任，也不需要有责任心，可是最近我有了新的想法。我觉得我应该尝试着对自己的行为负责了，因为我在慢慢长大。

家长小课堂

怎样开阔孩子的眼界?

1. 多读书。引导孩子多读书,让孩子从书本中获取知识,拓宽自己的知识面。

2. 多体验。尽量让孩子体验更丰富的生活,比如打高尔夫,打保龄球,练习马术等。

3. 多旅行。读万卷书,不如行万里路,带领孩子感受各地不同的风土人情。

怎样培养孩子的大格局?

首先,家长要以身作则,为孩子做出表率。家长处事的格局就是孩子的格局,因此,要想让孩子有大格局,家长就要从自身做起,提高修养,避免自私狭隘。

其次,培养孩子的大格局,就要让孩子保有童真,尊重孩子善良美好的愿望。纯真和善良是大格局的前提。

再次,家长要善于站在大格局的角度引导、教育孩子,帮助孩子树立远大理想,养成良好习惯,具备担当精神和责任感。